龍谷大平安・原田英彦のセオリー

愛の力で
勝つための法則75

田尻賢誉
Masataka Tajiri

ベースボール・マガジン社

龍谷大平安・原田英彦のセオリー

ス
椿本チエイ

平安への愛を原動力に、名門を復活へと導いた原田監督
（写真は2018年夏の甲子園で、春夏100勝を決めたサヨナラの瞬間）

原田英彦のセオリー　1

おっさんとケンカする

85万回以上も再生された動画がある。

動画のタイトルは、『平安の原田監督がおっさんと喧嘩』。2013年のセンバツで早稲田実に敗れた試合後に撮られたものだ。その試合は、初回に先制し、エースの福岡拓弥が6回まで無安打無失点と平安ペースで進みながら、ポジショニングのミスで内野ゴロをヒットにしたうえ、振り逃げでも失点して逆転負けしていた。ベンチから引き揚げる前、選手たちがグラウンドにあいさつするタイミングでスタンドから声がかかる。

「はらだ」「はらだぁ」「はらだ〜」

初めは無視していた原田監督だったが、5回、6回と名前を連呼され、「なんや？」と反応してしまった。

「お前がやめなな、甲子園、無理やわ」

「やかましいわ、コラぁ。誰や、お前。どこの誰や！」

係員に制され事なきを得たが、甲子園でなければ、もっとヒートアップしてもおかしくなかった。

「あれ、酔っ払いやったんですよね。試合終わる前ぐらいからずっと言ってるのわかってたんです。相手しなかったんですけど、終わってから、しつこう、しつこう言いよったんですよ。こっちは、しょうもないミスして逆転負けしてイライラしてる。『このアホ、なんやねん。言うなよ、このボケ』と思ったらまた言うんで、言ってしまったんですよね（笑）。係りの人には、『監督はずっと我慢してた。私でも怒る。監督は悪くない。観客のマナーが悪すぎる』と言ってもらいましたけど。でも、撮られとったわ」

あっていいことかといえば、いいことではない。だが、これで闘志に火がついた。この1年後のセンバツで平安は優勝を果たす。キャプテンの河合泰聖をはじめレギュラーの4人、ベンチの10人がこの現場にいた。

「あれで河合らが『ムカつく。悔しい。絶対ここで負けない』となった。あのヤジがいいきっかけ、ターニングポイントになったですね。あれで燃えましたよ。ホント、絶対負けんとこうと思いましたから」

ケンカといえば、原田監督の歴史でどうしても外せない出来事がある。それは、就任して二度目の夏だった1995年夏の京都大会でのこと。福知山球場で起こったため、平安では〝福知山事件〟と呼ばれている大騒動だ。初戦の南京都（現京都廣学館）戦。平安は1年生エースの川口知哉（元オリックス）が先発したが、相手エースの斉藤和巳（元ソフトバンク）に抑えられ、2対5で敗れた。

試合後、球場から出ようとすると、三條場裕之部長が「監督、裏から出て回ってくれ」と言う。理由は「ファンが『原田を出せ』と騒いでる」からだった。普通の監督なら、ここで部長の指示に従うだろう。だが、原田監督は普通ではなかった。「えっ、そんなファンおるんですか。ええやないですか。行きますよ」と正面から出て行ったのだ。

「1年前の夏も4回戦で南京都に負けたんです。西京極（わかさスタジアム）から帰れへんやろな、出れへんやろなと思ったら、スッと出れたんです。親の花道があって、拍手されて、『来年頑張れよ』と言われて。すっごいがっくりしたんですよ。『これは平安、終わっとるわ』って。誰も期待してない。すっごい寂しい思いしたんです」

原田監督が高校生の頃はそんなことは考えられなかった。ときは78年。49年以降、甲子園最大ブランクが2年だった平安が3年も春夏の甲子園から遠ざかっているときだったが、その年は秋と春の京都大会で優勝。春の近畿大会では準優勝しており、優勝候補筆頭だった。3回戦で京都商（現京都学園）に負けて帰りのバスに乗り込むと、バスの中にファンが乱入。原田監督はじめ選手は傘でどつかれ、西村正信監督はバスから引きずり降ろされて連れて行かれた。当時から考えれば、1年目の敗戦後の光景は考えられないもの。甘すぎて物足りなさを感じていた。それがあったから、2年目は怒っているファンの存在がうれしかったのだ。

「ちょっとウキウキしましたね」

出て行くと、自作の平安の帽子をかぶったおっさん連中が待っていた。先に部長がつかまれ、ネクタイを引っ張られる。原田監督には、罵声を浴びせると同時に謝罪を求めてきた。

「抽選決まってから、お前は何練習しとったんじゃ。1年坊のピッチャー投げさせやがって。なに考えとんじゃ。土下座して謝れ、ボケェ」

「やかましいわ、お前、誰に言うとんじゃや、コラぁ」

頭に血が上った原田監督がおっさん連中に向かって行こうとすると、「絶対手出したらアカン」と部長に羽交い締めにされた。

「相手は結構、酒飲んどったんです。ムカーッてきて、『手出したらアカンのやったら、足出すわ』って言ったんですよ。僕が向かって行ったら、おっさんらがひるみよったのがわかった。今までの平安の監督は『ハイ、ハイ』言ってるだけ。向こうは『平安の監督はオレらにもの言えんのや』という感じだったんです」

相手の態度や表情を見て感情的になるのをやめた原田監督は、おっさん連中と冷静に話した。

「オレらは平安好きなんや。好きやから応援してるんや」

「お前らよりオレのほうが平安のこと思うとるんじゃ。だいたい、好きやのにそんな態度とるんか？お前、アンチやろ。なに勝手にHの帽子かぶっとんや。オレは認めへんぞ。好きやったら、もうちょっとええ応援したれや」

原田監督の熱い想いが伝わり、相手も納得。

「お前らを絶対甲子園連れてってたるからな」

「頑張ってくれ」

最後は握手をして別れた。

そして、2年後。騒動の一部始終をバスから見ていた川口がエースとなり、平安は17年ぶりにセンバツに出場してベスト8。夏は41年ぶりに甲子園決勝に進出し、準優勝を果たした。

「忘れもしないのは夏に（京都大会で）優勝して応援席にあいさつに行った帰り、内野にあのおっさんらがみな来よったことです。『ありがとう、はらだ〜』と言うから『よかったな、おっさん。うれしいやろ』って。おっさんみな泣いてました。ええ思い出です」

ここでも、きっかけは『おっさんと喧嘩』。わざわざ騒動を起こす必要はないが、原田監督の本気のスイッチが入ったのは事実だ。

「そっからですよね。『よっしゃ、やったろ』となったのは。あれを見て、川口らも『まずかったな。

やらなアカンな』って思ったらしいですわ」

おっさん連中と握手して別れたあのとき。原田監督の頭の中には、自然と音楽が流れてきたという。

その曲は、麻倉未稀の『ヒーロー』。無名の落ちこぼれ集団が高校ラグビーで全国制覇するまでを描いた学園ドラマ『スクール☆ウォーズ』のテーマ曲だ。『ヒーロー』の歌詞はこう始まる。

『愛は奇蹟を信じる力よ』

低迷期に名門の再建を託された原田監督が、幾度の悔しさやどん底から這い上がれたのは、平安愛があったから。母校であり、ファンである平安へのあふれる愛情がすべての原動力。81年から93年の間に甲子園は夏一回の出場だけだった平安が、93年秋の原田監督就任後は春夏合計18度出場して30勝を挙げ、優勝一回、準優勝一回。見事に復活を果たした。

『誰がやるというの　あなたの他に』という想いを胸に、『生命より重い夢を抱きしめて走』った原田監督。

まさに、信は力なり。

愛は奇蹟を起こすのだ。

目次

第5章　リーダーの務め　195

デザイン　神田昇和
写真　ベースボール・マガジン社
校閲　永山智浩

第1章

チームを束ねる

原田英彦のセオリー 2

選手にあだ名をつける

「ラーメン！　ラーメン！　右や！　ラーメン！　右や！」

ある年の秋の近畿大会でのこと。原田監督がベンチから「ラーメン」を連呼していた。グラウンドにも響く大きな声だったが、これがラジオ中継の集音マイクに拾われ、実況の後ろで流れた。

「セカンドの子がラーメンっていうあだ名なんです。試合後、『監督、何ラーメン、ラーメン言うてたんや？』と言われました。みな大笑いでしたね」

ふざけていたわけではない。セカンドの選手を呼び、守備位置を指示する声だった。ちなみに、なぜラーメンというあだ名なのか。

「その子は帰りに電車のホームでカップラーメンを食べてたんです。それを卒業生が見て、『何してんねん』と写真に撮って学校に送ってきたんです」

このようにいじるネタがあだ名になることもあれば、見た目があだ名になることもある。顔が長くて背が高い選手はフランスパン。2008年センバツ8強のエース・川口亮はおばちゃん。11年夏の甲子園に出場したエース・太田翼はぼっちゃん。14年にセンバツ優勝したときのキャプテン・河合泰聖はトド→悟空→カエルと変化。中口大地はゴリラ。19年センバツ8強のエース・野澤秀伍は「まゆげがつながってるし、まゆげも目も垂れてるから」とおじいちゃんだった。

毎年あだ名をつける中で、原田監督が自賛するヒット作は〝大きい赤ちゃん〟シリーズだ。2年生でセンバツ優勝に貢献した高橋奎二（現東京ヤクルト）は赤ちゃん。16年センバツ4強のエース・市岡奏馬はバブバブだった。

「2年に一回ぐらい赤ちゃんがいますよね。なぜ赤ちゃん？　甘えたでメソメソしよるから。バブバブは赤ちゃん以下です。まだしゃべれない（笑）」

もちろん、いじるのは原田監督なりの愛情表現。選手からすれば、喜ぶべきことといえる。

「親しみですよね。あだ名で呼ぶのは昔からです。（考えるのが）好きなんです」

ちなみに、あだ名ではなく「○○くん」と〝くんづけ〟される選手がいるが、これは最後通告。原田監督からの「キミは相手にしていないよ」というサインだからだ。

多少、変なあだ名でも、つけてもらえるのはかわいがってもらっている証拠。期待されている証拠。あえていじるのも何か狙いがあるから。あだ名が貴重なコミュニケーションツールになっている。

原田英彦のセオリー　3

小柄な選手を起用する

通称〝食トレ〟といわれる食事トレーニングが盛んになり、大型化が進む高校野球。2019年のセンバツで優勝した東邦でレギュラー9人中7人が180センチ台だったように、特に強豪校には大柄で体格のいい選手が並んでいる。そんな中、毎年のように小柄な選手がいるのが平安だ（表1）。

1999年のセンバツでは右横手投げのエース・香川宜広とセカンドの具志賢三が165センチ。09年の夏に甲子園に出場したチームはレギュラー2人をはじめベンチに4人も165センチ以下の選手がいた。01年夏に一番を打った160センチの林侑司は、原田監督も認めるやんちゃさを武器に2年生からレギュラー。14年センバツで優勝したときのサード・常仁志は165センチながら初戦の大島戦でホームランを放っている。

「小さい、うるさいヤツが好きなんです。歴代の内野はチビでうるさいのが結構おったですね。小さい子って、大きいヤツに負けますよね。じゃあ、何が必要かといったら、やっぱり声。目立つこととスピードです。だから、『小さくてもの言えへんのは最低や』と言います。ウチにもそんなヤツはいっぱいいますけど、相手しないです。『自分で変わってこい』と言いますけどね」

小さいから好きなのではない。「大きな選手に負けてたまるか」と人一倍大きな声を出す、元気や闘志のある選手が好きなのだ。19年のセンバツでベンチ入りした長畑海飛は大会直前のメンバー変更で背番号を勝ち取った。

「3月の沖縄遠征の最終ゲームで『ここでタイムリー打ったら決まりや。自分でメンバー入りしてみい』と言ったら、レフトオーバーを打ちよった。それで決まったんです」

見栄えよりも気持ち。存在でチームに勢いを与えてくれるのが小柄な選手の特長。いい雰囲気をつくれる選手を評価するのが原田監督なのだ。

表1　身長165センチ以下の選手

春の甲子園

大会回数	年	背番号	名前	身長	体重
69	1997	なし			
71	1999	1	香川宜広	165	63
		4	具志賢三	165	63
74	2002	5	林 侑司	160	68
75	2003	なし			
80	2008	15	小川隆太朗	165	68
85	2013	10	坂本龍聖	165	56
		16	佐々木翔斗	165	59
86	2014	5	常 仁志	165	65
		14	佐々木翔斗	165	60
		18	田丸由羅	165	65
87	2015	なし			
88	2016	4	久保田悠	165	65
91	2019	17	長畑海飛	160	60

夏の甲子園

大会回数	年	背番号	名前	身長	体重
79	1997	なし			
83	2001	6	乗田貴士	160	52
		9	林 侑司	160	58
		16	井倉幸彦	165	64
85	2003	16	柴田幸樹	158	58
91	2009	6	坂本佑太	165	60
		9	前田滉貴	162	64
		14	岡本慶治	162	64
		18	池田旭貴	165	68
93	2011	16	井上 壮	165	65
94	2012	なし			
96	2014	16	佐々木翔斗	165	60
100	2018	なし			

＊常は85回春、96回夏にもベンチ入りしているが、このときはそれぞれ167センチ、166センチの登録
＊具志は79回夏にもベンチ入りしているが、このときは169センチの登録

1学年30人で競争心をあおる

かつて、強豪校といえば100人を超える部員がいるのが当たり前だった。1908年創部で夏の甲子園三度優勝を誇る超名門の平安。原田監督が現役だった頃は低迷期ではあったが、それでも100人以上の部員がいた。

「人数が多かったですから、なかなかグラウンドに入れてもらえない。雨が降ったら、『しぼれ』という指令が出るんですよ。人数を減らすためにしぼってやめさすんです。それで、最後に残った者がレギュラーになるんですよ。めちゃくちゃしんどかった。高校3年間で何を得たかといったら精神的な部分。根性なんですよ。野球に関しては何も教えてもらってない」

その後も低迷期は続き、原田監督が率いて初めてセンバツに出場したチームのときは2学年（1年生入学前。2、3年生）で21人にまで減少。そのチームが夏の甲子園で準優勝したことで翌年は一気に90人入ってきたが、一般コースの生徒だったためほとんどがやめてしまった。

部員数が安定してきたのが2003年にアスリートコースと呼ばれるスポーツコースができてから。当初はスポーツコース1クラスをゴルフ部、サッカー部、柔道部、陸上部など他の運動部と共有しており、野球部は18~20人の人数制限があった。

「20人だと、3年生はだいたいベンチに入るんですよ。何人か下級生を入れても、あふれるのは3、4人だけなんです。そうすると、『ベンチに入れる』と思って安心しちゃうんですよね。今の子は自分の定位置を自分で決めてしまう。『僕はここでいい』みたいな感じで、同じ学年で競争しないんです。やっぱり、勝つ根性がなかなかつかなかったですよね」

同じポジションに自分より優れている選手がいる場合、あきらめてレギュラーの選手と勝負をしないのだ。レギュラーになれなくても、控えならベンチに入れると計算し、初めから2ケタの背番号を狙いにいく。これでは、レギュラーは安泰。チームが活性化せず、成長も望めない。これに頭を悩ませていた原田監督は、学校に野球部の人数を増やすようにお願いした。

12年に他のクラブがスポーツコースを使わないことになり、1クラス30人全員が野球部のクラスに変更。そして、その初年度の選手が3年生になった14年春のセンバツで優勝を果たした。現在は全員がアスリートと呼ばれる硬式野球部コースに所属。一般コースの生徒は入部できなくなっている。

「競争の原理は一番必要だと思います。今はスポーツコースなので自己都合で野球部をやめるときは学校もやめてくださいということになっている。入るときは相当の覚悟がいりますし、親にも子どもにも『覚悟なかったら入ってくるな』って言いますよ」

1学年10人に限定していた智弁和歌山・髙嶋仁監督（『智弁和歌山・髙嶋仁のセオリー』3参照）とは、正反対の考え方。あえて部員を増やすことで、競争心をあおる。それが、原田監督のやり方なのだ。

原田英彦のセオリー **5**

キャプテンは経験者かつ嫌われ役ができる子を選ぶ

「僕は前年からの経験者ですね。それは第一条件です」

キャプテンを選ぶ基準として、原田監督が真っ先に挙げたのがこれだ。歴代のキャプテンを見ると、就任当初からほぼこの通りになっている。特徴的なのは、ピッチャーが多いこと。1997年夏に甲子園準優勝したときのエース・川口知哉に始まり、2000年の香川宜広、02年の高塚雄太、04年の服部大輔、16年の市岡奏馬。市岡を除く全員が前年からのエース（川口は1年生から）で、市岡もライトで試合に出ていた。外野手が多いのも特徴で、甲子園に出場した代を見ると、4ポジションある内野手が5人なのに対し、3ポジションの外野手が6人いる。特にセンバツに出場した代は10度中半分の5人が外野手だ（ダブルキャプテン制の16年は登録上の市岡のみをキャプテンとしてカウント）。

「ポジションはあんまり気にしないですね。ピッチャーを避けようとは思わないです。経験者と人間という部分でそいつが一番しっかりしてたらやらします。それと、必ず2人副キャプテンをつけます。副キャプテンは野手の可能性が高いですから、それで協力しあうようにします」

キャプテンは試合前に先攻後攻を決定するじゃんけんに行かなければいけない。投手として先発するとなると、ウォーミングアップやキャッチボールを中断することになる。これが負担になるという理由で投手のキャプテンを避ける監督もいるが、原田監督の考えはこうだ。

「そんなんわかってること。キャプテンやってるんやったら、それも自分で調整せえやと。特に甲子園は長い時間抜けなアカンですからね」

試合やチームでは想定外の出来事が起こるが、試合前のじゃんけんはあることも、やるタイミングもわかっている。予定されていることに対処できないキャプテンが、いつ何が起こるかわからない試合やチームで選手たちをまとめることなどできない。

普段の練習でも、ピッチャーは全体練習から外れて投手独自のメニューをこなす必要がある。だが、それもあらかじめわかっていること。デメリットにはさせない。

「ピッチャーだからピッチャーメニューをしてるときは（チームのことは）構わんでいいということじゃない。『ピッチャーだから』という言い訳はさせないですね。『お前は見れてない。全体を見れるようにせえ』って平気で怒るようにしますよ」

投球練習時など仕方ないときは副キャプテンがカバーするが、言い訳を許さないことで、ランニング中でも視野を広く持つことは忘れさせないようにしている。

キャプテンの条件として、前年からの経験者であることに次ぐ二番目が「人間」だ。原田監督は人間のどこを見るのか。

「やっぱり、嫌われることができるか。嫌われ役が普通にできる子ですね。今はそういう子がホント少ない。みな（周りに）合わせます。だからこそ、キャプテンはわが道を行ける子がいい。何があってもみんなに合わしたりしない子ですね」

キャプテンは嫌われることを覚悟のうえで周りに厳しいことを言わなければいけない。嫌われるのを恐れたり、周りに遠慮してものが言えなかったりするようではキャプテンは務まらないのだ。その意味で原田監督の印象に残っているキャプテンがいる。実は、その選手は他校の選手。福知山成美の桑原将志（現ＤｅＮＡ）だ。

「他の子とパフォーマンスが全然違ってたんですよね。ウチに負けたとき（11年夏）、周りの子に『お前らいつまで泣いてんねん。お前ら泣くだけの練習したんけ。平安より練習してへんやろ。勝てるわけないやないけ。帰ろ』と言ったらしいです（笑）。そういう子は必要やと思いますね」

自分は１００パーセントやり切った。その自負があるから、周りに強く言える。空気を読めるのがキャプテンと思いがちだが、そうではない。強烈な言葉や行動力で空気を変えるのがキャプテンなのだ。なぜ、原田監督の中で桑原の印象が強いのか。それは、平安にも同じようなキャプテンがいたからだ。原田監督が率いて2年目（93年秋就任）の95年のチームのキャプテン・甲斐敏文。原田監督就任前の低迷期に入学したその年の3年生は10人しかいないのに加え、「キャッチボールがまともにできるのが2人しかいなかった」（原田監督）と力もなかった。

「甲斐は〝福知山事件〟（4ページ・セオリー1）のときに出てた唯一の3年生。あいつが学校に帰ってきて、泣いてる2年生に言ったんです。『お前ら泣く必要ない。お前らにあのボール打てるわけない。オレが打てへんのやから』って。『オレは練習してきた。それは自信持って言える。それでも打てへんのが野球や。オレ以上にお前ら練習せえ。甲子園に行ってくれ』ってみんなの前ではっきり言ったんです。ある面であいつがチームを変えてくれた。僕の意思を初めて継いでくれたんです」

自分の言動に自信を持ち、はっきりと強い言葉が言える。それこそ、原田監督の求めていたことだった。

もちろん、このタイプ以外でも原田監督の印象に残っているキャプテンがいる。

「やっぱり、川口ですね。あの子はみんなに言う子じゃなかったけど、自分でやって示しとった。あのチームは『川口がやるからしゃあないな』って雰囲気になってました」

川口は時間があれば走っていた。それもロードワークで不在になるのではなく、見える場所で走っている。周りはそれを見ていたら抜けない。言葉よりも行動で雰囲気をつくっていた。

もちろん、毎年、このようなキャプテンの条件を満たす選手がいるわけではない。見当たらない場合は、立候補させることもある。

「自分が『こいつや』と思えないチームもあるじゃないですか。そのときは、『誰かキャプテンするヤツはおらんか？』って訊きますね。立候補した子に関しては、まずその子にやらします。それでダメだったら、いろんな子にさせますね」

16年は「嫌われ役がいない」という理由でエースの市岡と橋本和樹のダブルキャプテン制を採用した。副キャプテンにあたるサブリーダーも5人にして、肩書によって自覚が生まれることを期待した。とはいえ、これはリーダー不在時の苦肉の策。原田監督の望むかたちではない。

名門のキャプテンだからこそ、注目は大きい。多くのものを求められる。実力、経験、嫌われ役になれる性格。3条件そろってこそ、原田監督の望む平安のキャプテンなのだ。

原田英彦のセオリー 6

名門校めぐりをする

いくら言葉で説明しても、伝わらないものがある。

それが、伝統、名門校の雰囲気だ。原田監督は、超名門校を率いる指揮官として、OBとして、ファンとして選手たちに説明してきたが、ピンと来る子は少ない。百聞は一見に如かず。実際に見せるしかないと思った。

「他の名門を見せたかったんですよね。それで、名門めぐりをしようと。こんな部分にこだわってるチームがある。本物の名門というのは、みなこうやでというのを見せたかった」

高松商、徳島商、高知商、松山商の〝四国四商〟に出かけたのは1999年のことだった。すでにさびれてしまっていた学校もあったが、一校だけ強烈な印象を残した学校がある。それが、松山商だった。

「あれは、カルチャーショックでしたね。そこまでやと思わんかった。びっくりしました」

原田監督にとって、目に飛び込んでくるものすべてが刺激的だった。松山市内繁華街近くにある松山商。到着してバスを降りた通りはきれいに整備されていたが、校舎が見えた瞬間、雰囲気が変わった。

「古い、古い校舎で。古いにおいがする。このにおいすごいなって思ってたら、甲子園の優勝旗がずらっと並んでたんですよ」

グラウンドに歩いて行くと、周りには高層マンションが建っている。古い校舎とのギャップにタイムスリップしているような感覚になった。その日は土曜日の朝。当時はまだ授業があり、試合は午後からだったが、ネット裏にはすでにオールドファンが集まっていた。

「グラウンドに誰もいないのに、おじいちゃんのファンがいっぱいおるんですよ。すごいなぁと思ったら、みな拍手してくれた。『おー、よう来たな。平安。待ってたぞ』とか言われて。うれしかったですね」

近くでグラウンドを見て、さらに驚いた。きれいに整備されていたからだ。そのきれいさも普通ではない。「どれだけ時間をかけたらこうなるんや？」と思うぐらいだった。

「学校のグラウンドでしょ、と。ということは、体育の授業で使うはず。ようこれだけ整備しとるなと」

試合まで時間があったこともあり、沢田勝彦監督（当時）に頼んで、部室の見学をさせてもらった。

入口に掲げられている『日本一のボール拾いになれ』の文字に感激したのもつかの間、部室に並ぶ靴を見て度肝を抜かれた。

「すべての靴が左右均等。まったくずれがないんですよ。『見てみ、お前ら。これが名門やで』と言ったら、みな『うぉー』と言うてました」

部屋に入ると、今度はタオルに目を奪われた。

「洗濯したタオルが干してあったんですけど、タオルも左右均等、等間隔ですべて同じなんですよ。なんか絵を見てるみたいでした。ここまでこだわってるか、すごいなぁと」

感激しているうちに授業が終わり、松山商の部員たちがグラウンドに走ってくる。その姿もまた尋常ではなかった。

「カバン下げて、びっくりするぐらいのダッシュやったんですよ。ダーッて走ってきて、『こんちは』とあいさつする。着替えたらすぐに出てきて、トンボ持ってダーッと走ってまた整備やるんですよ。こっちは『もう、きれいやん。グラウンド』と思うんですけど。アップもみなそろってますし、ここまでやるかと。あれは僕も衝撃的でした。ホント軍隊のようだったです」

試合中のボールボーイの姿も違っていた。普通は座っているものだが、松山商ではボールボーイは立ってやるのが決まり。さらに均等に並んで立っていた。

「これが名門やなとすっごい勉強になりましたね。選手らにも、お前ら『これはやらなアカンことやで』と話しました」

さすがにすべてを取り入れることはできないが、平安に持ち帰ったのはグラウンド整備を丁寧にやること。原田監督のこだわりで、それまでもしっかりやっていたが、松山商を見て以来、より丁寧にやるようになった。

「松山商は砂がパウダー状なんですよ。ノックしてたら、ホコリがボンボンたつんです。ノック終わって、『どうや？　このグラウンドどう思う？』と選手に訊いたら、『亀岡（旧平安グラウンド）といっしょです』と言うんです。『そうやろ。パウダー状になっとるやろ。何回も何回もトンボかけな、こうならへんのや。これだけの整備ができてるとこがあるんや。ウチももっと丁寧にやろうや』と」

試合後にも忘れられない出来事があった。帰り際、ネット裏の年配ファンにあいさつすると、こんな声が飛んできた。

「おい、平安！　もう二度とここへ来んなよ！」

平安がリードして進み、終盤に松山商が反撃して引き分けた好試合。ファンが喜ぶような試合だったのになぜそう言われるのか。何か粗相をしてしまったのだろうか。一瞬、青ざめた原田監督だったが、次の声を聞いて安心した。

「松商となー、平安いうのはな、甲子園でやってナンボなんじゃ。こんなとこで練習試合しとったらアカンのじゃ」

名門のファンから名門へ。お互いを鼓舞し、激励するエールだった。

「どんな顔の人が言ったかまで覚えてます。あれで、もう絶対来んとこうと。松山商とは絶対、甲子園でやろうと思ったんです」

強くそう決意した2年後、その夢が実現する。2001年夏の甲子園準々決勝。第4試合で松山商と対戦したのだ。5回表、1対2とリードされた平安が二死からライト前ヒットで本塁を狙った二塁走者を好返球で刺すと、6回裏二死一、二塁。今度は松山商が二塁打で本塁を狙った一塁走者をレフトからショートの中継プレーでアウトにした。一進一退の攻防。3対4で敗れたものの、原田監督の脳裏にはこの試合のことが焼きついている。

「第4試合ですっごい夕焼けになったんですよ。空が真っ赤っかになったんです。よう覚えてますわ。あんな空、今まで甲子園で見たことないですね。弓達（央和、松山商の一番・ショート）がホームラン打って、ガッツポーズもせず知らん顔してホームインしてベンチに帰りよった。誰も『うわー』とかやらないし、すごいなと思いましたね。そのあとに（弓達に）あんなプレーされましたから（ショートから捕手に外野寄りの深い位置からノーバウンドのバックホームでアウト）。あのゲームは価値ありました。ホント、終わってほしくなかったですね」

あれから20年になる。時代は変わった。行きすぎた軍隊式など時代にそぐわないものは変えるべきだが、変わってはいけないものもある。

「野球のよさは残さないかんと思います。譲れない部分ですよね。野球って、9割はしんどいんです。うれしいことは1割しかないし、それも一瞬だけ。でも、そのうれしいことのために辛抱してやるんです。1割のうれしさが9割の辛抱を超えるから楽しい。その経験をさせてやりたいですよね。だから僕は選手に差別してるよって言うんです。野球のよさを伝えたいから君らを特別扱いしてるよ、と。選手は『どういう特別扱いなんや?』と思いよるんですけど、それは〝厳しい特別扱い〟ですね。そこは譲れない。『これはいずれ平安を出て行ってからわかること。今はわからないと思う。でも、平安を出てよかったなという思いにはさすから』と話しますね」

名門には名門にしかないプライドがある。しきたりやこだわり、目に見えない雰囲気がある。それを教えるのが自分の仕事。原田監督はそう考えている。

原田英彦のセオリー **7**

寝坊した選手は使わない

脅かしではない。

ダメなものはダメ。やると言ったらやる。2019年のセンバツ。初戦の津田学園戦のスタメンに羽切陸、半保和貴のレギュラー2人の名前がなかった。理由は甲子園の宿舎に入って2日目に背番号14の下野優真、18の中嶋駿とともに寝坊して集合時間に来なかったからだ。

「大事なことやと思いますね。そこは妥協したくない。今後の人生でもっと大きな失敗がありますからね。ひとつのいい経験として、甘やかさんと(つらいことを)経験さささないかんと思いますね」

普段から「寝坊したら試合に出さない」と言っているが、甲子園でもそれを実行するのが原田監督。中途半端な指導者の場合、普段はそう言っていても、公式戦では〝スルー〟や見て見ぬふり。おとがめなしになることが多いが、ぶれないのが原田監督だ。

「子どもはいろんな言い訳しますよ。『（目覚ましが）鳴らんかった』とか。でもね、僕は猶予を与えとるんですよ。6時散歩なら、僕は6時ぴったりに（部屋から）下に降りるんですよ。ヤツらは5分ぐらい前に来るじゃないですか。そこで、『あいつ、おらへん。寝とるんちゃうか。誰か起こしに行け』っていう時間を与えてるわけですよ。それでも起こしに行かないヤツいますから。あれはびっくりしますね。朝起きてそのままボーッとしてるだけなんですよね」

昔は何か問題があると連帯責任だったため、そんなことはなかったが、今は連帯責任ではないため、「自分に被害はない」と無関心になりがちだ。

「寮でもそうですけど、4人いっしょにいても、『早よせえや』ってないんですよ。みな自分のことしか考えてない。バラバラで出て来よるんです。おかしな傾向やと思うんですけど、これが最近の子ですよね。だから学校来るのも遅刻多いですよ。寮から5分なのに。起こしてやれって言うんですけど」

平安は全寮制ではない。家が遠い人と希望者が入る。自宅から通う選手も多いが、自宅生の場合はこんな問題がある。

「親に起こされる。半分寝ながらパンでも食べる。親が車で送ってくる。また車で寝てる。（学校の）門を入ってくる。学校でまたボーッとして寝てる。そのまま練習に来る。1日、起きてるときないですよね。だから、親には起こすなって言うんです。遅れたら自分の責任やから、次から失敗せんようにするでしょって」

実際、そうなのだ。センバツでスタメンを外された半保はこう言っていた。

「散歩の30分前に一番最初に行って待っとくようにしてます。それまでは目覚ましひとつだけだったんですけど、モーニングコールと目覚まし3つ使って起きてます」

普段何もない日に親が起こさずに自力で起きる練習をさせておけば、甲子園にまで来て失敗することはなくなる。「今のかわいそう」を優先してしまうと、「将来かわいそう」なことになってしまう。親はあえて起こさないことも必要なのだ。

ちなみに、平安の〝寝坊事件〟はこのときだけではない。15年のセンバツでもあった。このときは浦和学院との初戦当日に2人が寝坊。そのうちの一人は記録員としてベンチ入りする予定のマネージャー・折原康平だったが、このときも原田監督は厳罰を科した。ベンチ入りの選手と違って、記録員は当日の入れ替えが可能。ベンチに入れなかったのだ。

「『帰れー!!　お前はアルプスの一番上に立っとけ。試合観るな。外向いて立っとけ』と言って宿舎から出しました。学校に電話して、『一人制服着てこい。ベンチ入れるから』って。そいつはラッキーだったですけどね。マネージャーは（試合当日で）興奮して朝早う起きて風呂に入ったらしいです。風呂に入ってまた寝たんです」

一方で、14年にセンバツ優勝したチームは違った。一部屋に複数の人数で寝る旅館に変わった15年以降とは違い、一人部屋のホテルに宿泊していたが、遅刻も寝坊もなかった。

「（朝に自信がなく）自分でヤバいなと思う子はドアのストッパーをかけてた。それが、この部屋は起こしてくれよという合図らしいです。それをみなで意思統一したらしいです。こいつらすごいなって思いましたね」

失敗をするのは仕方がない。大事なのは同じ失敗をしないようにするにはどうしたらいいか考えること。だが、その上のレベルは、起こりそうな失敗を予測して、しないようにするにはどうすればいいか考え、工夫すること。この積み重ねが気づく力を鍛え、野球の試合でも活きるようになる。高校野球だからこそ、日常の生活から学ぶことが必要なのだ。

勝つことよりも大切なことがあると教える。勝つことを最優先にしなくても、勝ちにつながることを教える。それが、原田監督のやり方。そのためには、妥協せず、ぶれずに苦い経験をさせることが必要なのだ。

原田英彦のセオリー　8

甲子園の宿舎では携帯電話・スマートフォン禁止

高校生の楽しみといえば、スマホを触ることだ。平安では自宅からの通学生、寮生ともにケータイ・スマホを学校に持ってくるのは禁止だが、所持することは認められている。

「今は寮が静かなんですよ。みな各部屋におる。部屋しかケータイを触ったらダメなんですけど、みな部屋でケータイ見てます。４人部屋なら４人絶対おるんです」

同じ部屋にいるのに会話もないのは問題だが、禁止にするつもりはない。消灯時の回収もない。部屋の中であれば自由だ。その代わり、遠征や合宿、甲子園の宿舎に持ってくるのは禁止にしている。

「甲子園のときはつらいと思いますよ。10日間いたら10日間ケータイ触れない、見れないですから。持ってきてるか、持ってきてないか、全部チェックします。見つかったヤツはいないですね。学校ではたくさんいます。昔は取り上げました。二回見つけたら踏んづけました（笑）。いまだに返してないケータイがいっぱいあります」

甲子園は全国にテレビ中継される。メディアによる報道も多く、注目度が高い。近年はＳＮＳで情報が拡散されやすくなったこともあり、スマホを持っていると自然と余計な情報を目にしたり、発信したりすることになりかねない。この期間は友達からの連絡も多くなるため、すべてに対応しているとあっという間に睡眠時間がなくなってしまう。

「団体でいますからね。全員がひとつの目標に向かっていっしょにやらないかんので」

普段は持っているだけに、親から文句が出そうなものだが、それはないという。

「一切聞いたことないですね。ウチは長いことそうですし、『嫌やったら、やめ』って言いますから」

甲子園期間中は練習時間が短く、宿舎で過ごす時間が多いが、自由時間の過ごし方にそのチームのカラーが出る。

「ケータイが使えないとなったら、結構遊びを考えよるんですよね。センバツ優勝したチームは、（選手の部屋に）ピンポンダッシュしたり、いたずら電話をかけたりしてました。間違って若い先生のとこに電話したり、『監督さん、呼んではるぞ』と言われたヤツがロビーでずっと待っとったりとかありましたね。あれはおもろかったですよ」

甲子園に勝ちに来ているのにスマホは必要ない。スマホがないことをいかにプラスに変えられるか。それができるチームが勝てるチームなのだ。

原田英彦のセオリー 9

試合には彼女を呼んでOK

男女交際禁止。野球に集中するためにそんな規則を設ける野球部がある中、原田監督は寛容だ。伝統校には意外なほどオープンに男女交際を認めている。

「交際はいいと思いますね。僕はつきあってましたから。毎朝弁当をもらったりして、それが毎日、唯一の楽しみやった。それがあるから学校に行ける、みたいな。プラスにしたらいいんです。試合も、彼女が来てると思ったら張り切るじゃないですか。僕も高校のとき、つきあってる子が来てたら張り切れたんですよね」

この考えは就任当時からだ。1997年夏の甲子園で準優勝したチームのときはすでに、選手たちに「彼女おるヤツは試合に呼べ」と言っていた。

「今日来てると思ったら頑張れる。『プラスにせえ。自信あるんやったら呼んでこいや。呼べ、呼べ』

って。あの頃はみんな来てましたね。試合前も、『どこに来とんのや？』『あっこにいます』と言いながら、ニタ～ッと笑って見てました」

このことで原田監督の印象に残っているのが、エースの川口知哉だ。投手は味方の攻撃中、2アウトになるとベンチを出てキャッチボールをするが、川口は平安が一塁側のベンチのときは捕手をベンチ寄りに、三塁側ベンチのときは捕手を外野寄りに置いていた。

「左なんで、そうするとスタンドが見えるでしょ。（彼女と）目合うでしょ。ずっと見てやっとるんです。それをあからさまにやりよる。この子すごいなって見てました。今ってそんな感覚の子いないです。それを知らん顔してやってましたから。当時、川口の彼女は中3だったんです。その子と結婚しました。他の子はみな別れてましたけど（笑）」

平安を復活に導いた大エースは、試合中にそこまで気を回す余裕も図太さもあった。ちなみに、この年の夏の甲子園期間中、スポーツ紙に「原田監督が選手たちに『彼女を呼べ』と言っている」という記事が出た。雑談で話したつもりが使われてしまったのだ。

「田名部（和裕、当時の高野連事務局長）さんに呼ばれて怒られました。記事に赤線が引いてあって、『原田くん、これはアカンぞ』って（笑）」

今どき、川口のようにできる選手はいないだろう。それでも、原田監督はそんな選手が出てくるのを楽しみにしている。

原田英彦のセオリー 10

「補欠の溜まり場」という貼り紙をする

補欠の溜まり場――。

平安のメイングラウンド、平安ボールパークの一塁側ベンチ、三塁側ベンチの裏にはそんな7文字が書かれた紙が貼られている。

「グラウンドの中におったら死角になって見えないんですよ。やっぱり、そこに集まりよるんですよ。『集まるのは補欠や』って言うんですけど、言っても集まりよるんです」

関東の強豪校に練習試合に行った際、驚いたことがあった。ネット裏の部屋で寝ている選手がいれば、外野の死角でトランプをしている選手もいる。試合に出られず、おもしろくないのはわかるが、これでは、なんのために野球部に入ったのかわからない。

平安の旧亀岡グラウンドにも死角になる場所があった。試合に出ない選手は必ずそこへ集まっていた。新しいグラウンドに来て、それをなくしたいから貼り紙をしたが、効果はない。原田監督は、しばしば溜まり場に顔を出す。

「僕は絶対見に行くんですけど、パッと目が合ったりしたら、すーっとどっか行きよるんです。またしばらくしたら帰ってきよる（笑）。全部見てますよ。それでまたパッと行って、こう言うたるんです。『よう会うな、ここで』って（笑）」

一度〝溜まり場の住人〟になるともう終わり。そこから浮上する者、はい上がってくる者はいない。自ら土俵を下りたも同然だ。

「だから僕は『一生懸命やってないでしょ』って言うんですよ。親なんか全然そんなこと知らない。僕は60人おったら60人、どんな目してるのか、どこで何してるか見てますから。子どもに裏切られるのが一番許せないですよね。裏切られたらダメやと思います。そうならないために僕は毎日子どもを見ておく。だから僕はメンバー決めんのも簡単なんです。自信ありますから」

ちなみに、原田監督が毎日選手を見る中で発見した法則は次のようなものだ。

「練習中に監督を探すヤツはサボりたいヤツ。目が合うのは自信がないヤツ」

これは、今も昔も共通だという。

「目が合うヤツは絶対ダメなヤツです。特に試合中に見るヤツ。自信がないのか、依存しとるのか、『なんとかしてください』みたいな感じで見よります」

〝補欠の溜まり場〟に足を踏み入れるのは、ある意味、「僕を使わないでください」と言っているのと同じ。そこに定着しているのは、野球部員であることを放棄しているも同然だ。選手は、好きで野球をやっているはず。原田監督が頼んで野球をやってもらっているわけではない。

せっかく平安に入ったのに、何をやっているんだ。

そんなことをするために平安に来たのか。

貼り紙の7文字には、原田監督からのそんなメッセージが込められている。

原田英彦のセオリー **11**

親の誕生日を知らない子は獲らない

教え子のおっかけをする原田監督だが（210ページ・セオリー60）、中学生を観に行く機会は多くない。高校野球がスカウティング全盛になる中、部員のほとんどが自ら希望して来た選手たちだ。平安ファンの原田監督らしく、声をかけられたから来る選手ではなく、「平安で野球をやりたい」と平安にあこがれて来る選手を鍛える。

「以前はコーチが行ってたんですけど、職種が変わって行けなくなった。5年ほど、僕一人で忙しくて行けませんでした。そしたら、『ここのポジションがおらん』とか出てきた。これはアカンと思って、2019年のセンバツが終わって久しぶりに行きました」

平安の練習は厳しい。気持ちでプレーするのを好む原田監督だけに、重視するのは打ったあとの走る姿勢など技術以外の部分だ。

「僕はやっぱり元気さですよね。どんだけ元気にふるまうか。あとは、身体のバランスです。歩き方とか走り方。しなやかにカッコよく歩いてるか、走ってるか。柔軟性があるか。特に走り方が悪いヤツは絶対無理ですね。（体型が）ガチッとして、ガーンと飛ばしよるのは嫌です。あんまり伸び率はないと思う。どっちか言うたら、細身でちょこちょこ動いてる、『こいつ何かしようと思うとんな』という子のほうが好きですね。いい筋肉を持ってる、運動能力がある赤松（真人、元広島、平安OB）みたいなタイプがいい」

これらは見た目や印象の問題。それよりも、むしろ原田監督は見えない部分を重視する。それは、どんな家庭で育っているか。それを判断するのに、もっとも大事にしているのは「親の誕生日を知っているかどうか」だ。

「親からしたら、子どもに『誕生日おめでとう』と言われるとか、何かくれるとか、うれしいじゃないですか。知らんということは、その家は子どもに対しても誕生日会をするとか、ケーキ買ってきて歌うとか、たぶんしてないと思うんです。それをしてたら、子どもも親の誕生日がわかると思うし、気を利かしてお祝いすると思うんですよ。そう考えたら、どんな環境かわかるじゃないですか」

最近の高校生はよく感謝を口にするが、本当に感謝しているかは疑問だ。事実、平安にも親の職業を知らない選手がいる。親がどんな仕事をしてお金を稼いでいるのか。どんな想いで野球をやらせてくれているのか。それすらわからないで、感謝のしようがない。

「やっぱり、野球をやらしてもらってるんですから。『誕生日おめでとう』のあとに『いつもありがとう』という言葉をつけないと。それが感謝の気持ちですよね。それだけで親はその子のために頑張るじゃないですか。そういう家庭なら、今度自分が親になったとき、子どもにそう言われたらうれしいというのがわかる。こういう大事な部分ができてない子は嫌ですね」

少子化で一人の子どもに対し、かける時間もお金も多くなった。だからといって、なんでもやってもらって当たり前、野球をやらせてもらって当たり前では困る。人として何が大事か。たったひとことの「ありがとう」が言えない、親に感謝できない選手はいい選手になれない。原田監督はそう考えている。

原田英彦のセオリー 12

メンバーを外れた3年生にあえて厳しい言葉をかける

勝負の世界は甘くない。

それをわからせるのが指導者の仕事でもある。その意味で、原田監督ほど徹底している人は少ない。

「最後の夏に背番号渡すとき、他の監督は『一番つらい』とか言われますけど、僕はそれはない。3年と2年で同じ実力ならば2年を入れますし、使います。『お前3年だろ？　こいつ2年だろ？　1年差がある。1年差があって同じ実力だったら、1年間、お前何してたんや？　こいつのほうが伸びしろあるやないか。チームとして考えたら、こいつ使うよ』って。僕ははっきり言いますね」

最後ぐらい、やさしい言葉をかけてあげればいいと思う人がいるかもしれない。親からすればそうだろう。だが、ここで甘やかすと将来のためにならない。評価は自分がするものではなく、他人がするものだからだ。

「3年間見てて、背番号をもらえない子っていうのは、やっぱり頑張ってないですよ。僕は絶対スタート地点はいっしょにしますから。そこから見て、『お前、負けや。3年間、負けやった』と。そう言わないで『お前よう頑張ったな』って言ったら、その子は『ホンマに頑張った』と思うと思うんです。それだとこの先頑張れないですよね。ここで『失敗や。お前の負けや』ってわからせてやらないと、この先競争に勝てないと思う。大学へ行ったら、指導者はやいやい言わない。自分でやらないといけないですから。だから、あえてそう言いますね」

厳しい言葉をかけるのは、むしろ親心なのだ。そしてその裏には、こんな自負がある。

「僕は親よりも見てますから。親よりもその子のことを理解してますから」

部員数の多い強豪校の中には、初めからメンバー外の選手を相手にしない監督もいる。実力のある選手には熱心に指導するが、そうでない選手には声もかけない。ときには、名前すら覚えていない場合もある。だが、原田監督に限って、そんなことはない。

「僕が就任以来、ずーっと意識してるのは、毎日部員全員の顔を見ること。60人おったら60人見ます。ヤツらと完全に目が合うときと合わないときはありますけどね。3日に一回でも目が合うたら、ヤツらは『僕を見てはるな』って感じるわけじゃないですか」

その想いがあるから、キャッチボールができずにサブグラウンドで練習を命じられている（75ページ・セオリー19）選手の様子も見に行く。「練習やっとけ」と言ったまま、ほったらかしにすることはない。

「スッと行って、ずっと見てるだけで僕は違うと思うんですよね。ヤツらは『見られてる。見てくれてはる』と思いよる。そこだけはずっと譲らずやってるつもりです。見てるつもりです。それがあって初めて、かける言葉が活きてくるんじゃないかと思うんですよね。見てないようでも見てるから、『お前こういうことしてたな』とか『最近、ようなってきたやんけ』というひとことがすごく大きく響くと思うんです。ヤツらと年代が離れてきたというのもありますけど、余計にそういうことが大きく影響与えるなって最近感じてきました」

小さいときからスマホが身近にあり、SNSを使って育ってきた世代。昔の子どもたちよりも承認欲求が強い。見てあげて、声をかけてあげて、存在を認めてあげる。最後の厳しい言葉は、時間も手間もかける多くの過程を経て出る言葉なのだ。

「ダメなときも、『お前こうだっただろ。全然やってないんちゃうか』と納得さすこともできる。うそじゃなくて、ホントに見てて、ホントのこと言えますから。ヤツらを納得さす材料をつかんどかなアカンですよね。『何言うとんねん。全然違うやんけ』と思わせたくないですからね」

ただ、「頑張った」と言うのがやさしさではない。むしろ、それは嫌われることを恐れているだけ。それよりも、自分の現在地をわからせ、何が足りなかったのかを教えることが大事。次のステップに進むため、厳しい言葉をかけることがやさしさなのだ。

原田英彦のセオリー **13**

守りのチームをつくる

「平安というのは守備。エラーで平安が負けるのは許されない。まず守備を確立する想いは強いです」

常々そう言うように、守りのチームをつくるのが原田監督のスタイルだ。数字にもそれは表れている。夏の甲子園に出場した年の京都大会の失策数を見ると（表2）、出場8度のうち6度が1試合平均1個未満。1997年、2001年は0・33個と3試合に1個の割合でしかエラーしていない。春夏の甲子園の成績を見ても1試合平均で春が0・82個、夏が0・80個とともに1個未満の数字を記録している（表3）。

表2　夏の甲子園出場時の京都大会失策数

大会回数	年	試合数	失策数	1試合平均
79	1997	6	2	0.33
83	2001	6	2	0.33
85	2003	7	6	0.86
91	2009	6	4	0.67
93	2011	6	6	1.00
94	2012	7	6	0.86
96	2014	6	7	1.17
100	2018	6	4	0.67
合計		50	37	0.74

表3　甲子園失策数

	試合数	失策数	1試合平均
春	28	23	0.82
夏	20	16	0.80

「野球は守り。守れないと試合に出さない。そういう強い信念はあります」

亀岡グラウンドの時代は冬場は雪や霜で使えず、バットの使用を禁止されている学校グラウンドでの練習。守備の基本練習をせざるをえなかったという事情もあるが、伝統校の名に恥じない守備力を維持している。

守備といえば内野守備がメインになるが、原田監督は現役時代外野手。社会人でファーストを守ったことはあるが、左投げのため内野手の経験は少ない。監督として内野の守備を指導するにあたり、勉強が必要だと感じた原田監督は、強かった近大の本川貢監督（当時）に教えを乞うた。

「就任してすぐ、3日間行きました。内野の基本を徹底して教わりました。すごいなと思ったのが、ひと通り練習が終わってから最後に全員で基礎練習をしてたこと。内野は転がされたゴロを捕り、外野は手で上げたフライを捕って返すのを個別でやるんです。シーズン中の練習ですよ。訊いたら、『これは毎日やるよ』と。一流の大学もこういうことをする。だから強いんやと。僕の中では、それがわかったことが一番大きかったですね」

このとき学んだ基礎、基本を大事にする原田監督だけに、選手を見る際は細かい部分に目がいく。指摘したのは、守っている選手がグラブをはめて立っている姿勢。うまい選手は必ずグラブが開いているという。

「手のひらで捕ろうという選手ですよね。いい選手は絶対開いてます。小学生を見るとグラブは閉じてるんです。（小学生からしたら）グラブは重い、手が小さいとなったら、そうするしかないですから。小学生が硬式球を持つとき、（手が小さいうえにボールが重いため）下向きに持てないから上向きに持ちます。そう持った瞬間に（変な投げ方のクセがついてしまうため）その子の選手生命は終わってしまうんです。僕は小さい子に絶対硬球を持たしたらアカンと思います」

グラブが開いていると何がいいのか。

「グラブを閉じると（手が身体より）後ろに入ってきますけど、開いたら絶対後ろに入らない。手をパーにすれば手といっしょに身体も前に出せるというのが人間の手、身体の習性なんです。上体が前に出れば体重が母指球に乗り、フットワークを使えます。反対に手がグーだと前に出せないし、かかと体重になる。足が前に出ないし、グラブも前に出せないから捕り幅も狭くなるんです。できん子には、グラブを開く意識、前で捕る意識を持つために、捕る前に（利き手でグラブを）一回叩けと言います。叩いて捕らす基本練習をずっとさします。叩くのは僕は好きですね。叩くことで力が抜けますから。叩く動作でタイミングを取ることにもつながります」

平安に入ってくる選手でも、グラブがカッコよく開いているのは2、3人。カッコいい立ち姿になるまで、捕球のタイミングがつかめるまで、ひたすら基礎練習をくり返していく。

「昔は先輩が教えたし、後輩は先輩を見て育ったんですよ。『カッコええからマネしよう』って。昔はスタイル的にみな似てたんですよ。よく言われたんです。『平安はみんな同じ動きしとる。個性がない、つまらん。ロボットみたいや』って。僕はそれ言われて逆にうれしかったんです。ウチはそういうスタイルでやってんねやって。今は先輩を見ないですね。だから毎年、毎年、くり返して教える必要がある。時間はかかりますね」

見ただけで平安の選手とわかるぐらい動きを徹底する。それは、それだけ基本姿勢、基本動作を重視しているからだ。基礎ができてこそ、応用がある。平安の守備は妥協のない基本練習のくり返しでつくられている。

原田英彦のセオリー14

ファインプレーに見せない守備をする

現役時代、センターを守っていた原田監督がこだわっていたことがある。それは、左中間、右中間を絶対に割られないようにすることだ。

「まずは姿勢を整えて、あらゆる方向に足を動かせるようにしておくこと。それに加えて、バッターの研究をしないといけない。自分のチームのバッテリーの配球もわからないといけない。グラウンドの形状、フェンスの材質、土や芝の質と硬さ、風の向きと強さ、イニング、点差、打順、アウトカウント、ボールカウント、ランナーがどこにいるか……。これぐらいの条件は絶対頭に入れとかないといけないんです。その上で条件は1球ずつ変わる。エンドランがくるのか、盗塁があるのかと広がっていく。そうして守ってたら、ある程度、計算して守れますよね。それが野球の一番おもしろいところ。そういうことを常に考えてやれば、左中間、右中間は割られない。足が速いから、遅いからは関係ない。どれだけ準備をたくさんしてるかなんです」

この考えがあるから、原田監督のファインプレーの定義は異なる。

「カーンといかれて、ピッチャーが『しもた。割られた』と思ってパッと見たときに、そこにおる。余裕で捕る。どれだけピッチャーが楽か。『あー、よかった』と思うか。『それが野手としての快感違うか？　そういう思いを持って守備位置取りしたらええんちゃうか？』って言うんです。僕はそれが快感やった。守りの究極はそこだと思います。飛び込んで捕って、『わーっ』と喜んでる学校がありますけど、『なんであんなとこ守ってたん？』ってありますよね。だから、『ファインプレーに見せるな』と言います。それが一番うまい野手やって」

ファインプレーをファインプレーに見せない。見えないファインプレーができる選手こそ、本当に守備がうまい選手だといえる。もちろん、これは打球処理以外についてもあてはまる。

「相手が悪い送球をしても普通に捕ってやる。『あ、しもた』と思うやつを正面に入ってポンとさばいてやる。それが一流の野手。そこを目指してやらないかんと思います」

魅せるプレーは平安にはいらない。求めるのは、完全なヒット性の打球を何事もなかったかのようにアウトにしてしまうポジショニング。打つ前から打球が来る方向を予測していたかのような一歩目の速さ。素人にはわからないすごさでアウトを重ねる。徹底した準備と確認に裏づけされた守備こそ、原田監督の目指す守備なのだ。

原田英彦のセオリー **15**

やんちゃな子を2人入れる

「チームを決定するのは組織だと思います。どんだけいい組織がつくれるか。組織ができないチームは絶対勝てないと思います」

チームづくりに欠かせないのは組織づくりだと言う原田監督。具体的にはどういうことなのか。

「チームづくりにはいろんな要素があって、組織を組むのにまじめなヤツだけやったら絶対勝てないです。ちゃらんぽらんなヤツとか、賢いヤツとか、怒られ役とか、めちゃくちゃうるさいヤツとか、おもろいヤツとか、いろんなキャラが必要ですよね。いろんなキャラがそろってひとつの組織になりますから。『こいつにこの役』って適材適所でパッと計算できたときには、チームづくりは早いですよね」

この理想に近かったのが２０１４年のセンバツで優勝したチームだ。

「河合（泰聖、ファースト、キャプテン）は中学時代金髪、石川（拓弥、ショート）も札つきのワル。そこに高橋（佑八）、横山（裕也）、古川（徳良）と頭のいい3人のキャッチャーが『ちょっと待て。それアカンやんけ』と言う係でいた。あとは『うわーっ』と言うヤツですよね。三塁コーチャーの佐々木（翔斗）、全然勉強できないけど打たれ強い常（仁志、サード）、底抜けに明るい中口（大地、レフト）。北九州から来てたみんなのいじられ役の姫野（大成、セカンド）。そこにごっついまじめでおとなしい徳本（健太朗、センター）とボーッとしてる大谷（司、ライト）もいて、すっごいキャラがそろったんです」

控え捕手の2人はブルペン担当の横山とベンチ担当の古川に役割を分けて任せたが、試合に出ない選手の中に原田監督が信頼を置ける選手がいたのが大きい。

「もう一人、僕が〝なんちゃって〟と言ってたピッチャーの湊（耀一）がいます。ええカッコしいなんですよ。でも、よう声出しよった。『ピッチャーのコンディショニングは全部お前に任すからな』と言ったら、責任もってやってくれた。だから、楽だったですよね」

キャラクター豊富な編成の中で、原田監督のこだわりはやんちゃな選手を入れること。優勝チームは、下級生時からレギュラーだった河合、石川の2人の存在が大きかった。

「今の子、気の弱い子というのは、結局、精神的に鍛える練習ができないのが原因にあるんです。びびらせて、やらせることができない。持っている力を引き出すには、やっぱりしんどい練習をしない

2014年センバツ優勝を飾ったチームは、いろいろなキャラクターがそろった、組織として理想的な布陣を組めた

といけない。火事場のバカ力ですよね。ところが、今はそれが出ない。練習の中でキレさしたろうと思うんですけど、今まで育ってきた中でキレるという経験がないから、キレる子がいないんです。キレて大泣きする子はそこで何かつかむんですけど、今の子はなかなか泣かない。思いっ切り自分をさらけ出すことができないんですよね。何かあっても、みんなに嫌われたくないから、自分も言いたくない。そんな子ばっかり。だからこそ、やんちゃなヤツが必要なんです」

ただ、そう言えるのは原田監督がやんちゃな選手の使い方や役割を把握しているからだ。原田監督の見立てでは、やんちゃが組織で活きる適正人数がある。

「やんちゃは２人必要です。１人じゃダメですね。やんちゃ同士、２人をライバル視さすんですよ。チームの中にやんちゃが足らん場合は、そういうヤツを下から上げてきて入れる。刺激を与えます。このチームは河合と石川にライバル心を持たせたのがよかった。やんちゃは勝負魂がありますから。気をつけなきゃいけないのは、やんちゃが多いのはダメということ。多すぎると悪いほう、楽なほうへ行ってしまうんです」

彼らの操縦法は次項セオリー16に譲るが、チームに爆発力を与える存在として原田監督はやんちゃな子の存在を重視している。キャラクターが豊富で、その中にやんちゃは２人。これが、原田監督の理想の組織なのだ。

できるなら、避けたい。

これが、全国の指導者の本音だろう。扱いづらい。手間がかかる。問題を起こす。預かってもいいことがないように見えるのがやんちゃな子だ。だが、原田監督は積極的に受け入れる。他の学校に断られた選手が平安に駆け込むことも少なくない。中学校の指導者の中には、「原田さんにしか面倒見きれん。鍛えてやってくれ」と言う人までいる。なぜ、あえて面倒な仕事を引き受けるのか。

「やんちゃなヤツが好きなんです。なんでか言うたら、やんちゃなヤツというのは、小さい頃からやんちゃしたら怒られるというのはわかってる。ということは、うまく人の目を盗んで要領よく生きてるヤツなんです。それって、野球に絶対必要なんですよ。そういう力を引き出してやったらすごくプラスになるんです。下手したら他のヤツを悪いほうへ引っ張っていきますから、危険といえば危険な

原田英彦のセオリー 16
やんちゃな選手をうまく使う

んですけど、僕もずっと悪いことしてきましたからよくわかってるつもり。やることは予想つきますし、考えてることも、どう言うたら腹立つかっていうのもわかりますよね」

小学生時代から、「ひと通りの悪いことはした」と笑う原田監督。元やんちゃだからこそ、彼らの扱い方のマニュアルを持っている。まずは、怒り方。

「そういう子はプライドを持っとるんで、みんなの前で怒ると悪いほうへ行くんですよね。だから、絶対みんなの前はダメ。一対一で個人的にみんなのおらんとこへ呼んで話してやるとわかってくれます。『最近、こうやで。このほうがええんちゃうけ』と冷静に話してやる。怒られるのが嫌なヤツなので、怒られてる感覚を持たせたらダメですよね。僕は特にそういう子には、納得するようにやさしく話します。やっぱり、そのほうがわかるんです」

小さい頃から親や先生に反発して育ってきている。言うことを聞かせようと思ってもダメ。だが、一方で「構われたい」という意識も持っている。まずは「お前に興味がある。お前のことを見ている」というメッセージを発し、相手が話を聞く態勢をつくらなくてはいけない。

「怒るとフンってなりますから。みんなの前で恥かかしたら、『うっさいんじゃボケ』となる。信頼してもらってるという想いや心のつながりをみんなよりも強く持たさないといけない。そういう子は、そこが寸断してしまうと取り戻せないですね。心が離れてしまうと難しい。むくれますし、ふてくされる。ふてくされると、みんなの前でそれを強がりで言うでしょ。『うっとうしい。こんなこと言いやがって、ボケ』って。いい影響与えないですよね」

では、具体的にどのように話すのか。原田監督がよく使うキーワードは「ええカッコせえ」、「カッコようなれ」だ。２０１４年センバツ優勝チームのショート・石川拓弥にはこんなことを言った。石川は中学時代から審判に文句を言うなど態度の悪さで有名。「平安でも必ず不祥事を起こす」と言われていた。

「『甲子園で打ったらカッコええで。自分をみんなに見せてやれ』って。そういう子って、そのために一生懸命やりよる。すごく練習しますよ。ただ、『ホントの意味でカッコええ男になるには、自分で自分の評価をしたらアカン。自分で自分の評価をしても、独りよがりになるだけや』とも言いました。大学に行きたいと言ったって、担当者がどう評価するかで入れるかどうか決まる。『他人の評価の積み重ねでお前という人間がつくられていくんやから、他人が見てもカッコええ男になれ』って」

最終的に石川は、石川の父親が「親の言うことを全然聞かない。ボスの言うことしか聞かへん」と言うぐらい原田監督に心酔。主力として活躍した。

「僕は『オレもやんちゃやった』というのをさらけ出して、『オレもこんなことやってた。あんなことやってた』と言うんです。『でも、勝負でやらな、野球でやらなカッコ悪いよな』って。やんちゃな子って過程がわかってる。どうしたら結果がよくなるかわかってるんですよ。悪いことは悪いと思ってやってますから、それを隠しながら、人にばれへんように結果を出そうと思ってやってますから、到達する手法はわかってる。だから、普通の子に話すよりも単純に話すほうが理解しよるんです」

やんちゃな子はエネルギーがある。エネルギーを向ける方向さえ間違わなければいい。そのために、もうひとつ原田監督が意識しているのが彼らの使い方だ。

「そういうヤツをチーム内でどう使うかは非常に重要だと思います。やっぱり中心に置いたほうがいい。プライドがあるので、責任感を持たしたほうがいいんです。そこをくすぐっていきますね。力があってやんちゃな子は先頭に立ちますから、みんな認める。そいつについていこうと思いますから」

もちろん、力がある、発言力があるからといって、やることをやらないときは話してわからせなければいけない。

「みんなについていく気持ちを持たさないといけない。『こいつなんや』と思われたらダメですね。そういうときは、『お前が第三者ならどうする？　お前を見てどう思う？　ついていきたくないと思わへんか？』って冷静に話してやることが大事だと思いますね」

ちなみに、力もないのに調子に乗ってやんちゃぶっている選手には「徹底して落とします。ガーンいきます（笑）」とのこと。クソッと思ってはい上がってくる子でないと戦力にはならない。

あえてやんちゃな子を受け入れ、巧みな言葉で誘導し、チームの中心で使う。やんちゃの心理を利用した原田式やんちゃ操縦法。やんちゃな選手をどれだけ使いこなせるかで、チームは大きく変わるのだ。

第2章

心技体の練習法

原田英彦のセオリー 17

ウォーミングアップに1時間かける

毎日1時間。冬場は2時間かけるのが平安のウォーミングアップだ。ストレッチ、ブリッジ、ほふく前進に加え、空き缶を使った遊びの要素を入れたものまで柔軟性と可動域にこだわったメニューが約2000種類もある。

「チームによってアップの方法が違うんです。首や足首の回る角度など可動域をすべて計測して、下半身が硬いチームは下半身中心のメニューにします。上半身が弱い傾向があれば上半身を強くするメニューを組みます。気持ちの出ないチームなら気持ちの出るアップをするとか、毎年違うんです」

すべての基本となるのが、両手を真上に上げ、背筋を伸ばした状態で腰を落とすセンタリングの姿勢だ。

「今の子はまっすぐ立てる子が少ないんです。ねじれたり、O脚だったり、猫背だったり。そういう身体で運動をすると、ひずんでしまいます。ひずんでいると、運動をすればするほどケガにつながる。それをなくすためにも、センタリングをして身体のバランスを確認させるんです」

実際にやってみるとわかるが、腰を沈めていくと同時にどうしても身体が前に倒れてしまう。手も身体もまっすぐに保つのは難しい。

「肩が入らない、腰が入らない。ひざが開く子、左右のどちらかに下がって曲がる子もいます。センタリングをまともにすることから始めます。肩が入らないと肩関節が入らない。ボールも放れないですから」

ブリッジはただのブリッジではない。2人組での逆立ちから始まり、徐々に足を下ろしてブリッジの姿勢をつくる。次にブリッジをした状態で頭の方向に進む。10メートル進んだところで向きを変え、今度は足の方向に進む。進むのが難しいのに加え、まっすぐ進むとなるとさらに困難。これは他のメニューでも同じだが、できない場合はできるまでやり直しになり、他の選手たちに置いていかれる。

「一番肝心なのは肩関節。肩関節が入らないとブリッジはできないんです。それと、足首が硬くてもできないし、腸腰筋が硬くてもアーチがかけないんですよね」

この他、目につくのが寝返りしてからのダッシュやほふく前進などのメニューだ。

「赤ん坊がまず覚えるのは寝返りじゃないですか。寝返りってすごく体幹を使うんですよ。まずは体幹を使うということですね。それと、寝返りを打つのにも左右の（やりやすさの）差がある。左右どっちもさせないかんですよね。ほふく前進は赤ん坊の動きでいえばハイハイです。ハイハイをするとき、右手と右足は同時に出ない。絶対交差します。これは、左右の手と足の出し入れ。股関節が動くんです。これで骨盤や股関節の動かし方を覚えるんですよ」

身体の動きやアップメニューを研究する中で、原田監督が発見したことがある。

「赤ん坊のときにハイハイの時期が短くて、すぐに立った子は運動能力がないんです。そこで動き方がインプットされないんですよ。徹底的にハイハイをさせたほうが足が速くなる。股関節がやわらかくなって足が動くようになるし、腕を使うことで走るときに腕をしっかり振れるようになるからです。今の子もうまく走れないとか股関節が硬いのはおそらく小さいときにハイハイができていない。だから、小さいときの身体の使い方を呼び起こすためにやらしてるんです」

赤ん坊のときの動きに始まり、現代の子どもは外で遊ばなくなった。平安の選手でも、ブランコに乗れない子ばかりだという。遊びの中で自然に鍛えられたり、できるようになったりした動きが、今は強制的にトレーニングをしなければ身につかなくなっている。

「小学校の教育の中でもとび箱とか前転後転とか倒立前転とか開脚前転とかやらさないんですよ。『なんでやらさないんですか』と訊いたら、『ケガが怖い。ケガしたら現場の責任問題になるので、ケガささんようにしてます』っていうんです。何をやるかといったら、教育委員会が外部にお願いした先生が来て、エアロビとかダンスをやる。そんな授業ばっかりやってるから、運動能力は絶対育たないですよ」

原始的な身体の使い方を多く入れながら、毎日長時間かけてやることで徐々にやわらかい身体になっていく。2014年センバツ優勝時の主力投手で現在東京ヤクルトの高橋奎二は頭の上まで右足を上げるフォームが特徴だが、これも股関節の柔軟性があるからこそ。地道に股関節と可動域のトレーニングを続けた結果、入学当初は120キロ台だったスピードが、3年生時は145キロまで出るようになった。

「冬場は2時間かけますけど、時間がもったいないとは思いません。それも長く野球をやらしてやりたいからですよね。高校時代にこれだけは絶対マスターさせとかなアカンという想いがありますから」

どこよりもこだわり、どこよりも時間をかける日本一のウォーミングアップ。技術に目が行きがちな中、地道にコツコツ基礎と土台づくりに力を注ぐことが平安の強さの源になっている。

水泳で肩と心肺機能を鍛える

原田監督が2年目から継続しているのが水泳トレーニングだ。オフシーズンの12月から2月の3か月間、投手陣を中心に原田監督自らの指導で行う。

「僕が社会人のとき、春のキャンプで肩もひじもめっちゃ痛なったんですよ。それが、ひと冬水泳をやった次の年の春はなくなったんです。水泳は絶対いいと思いましたね」

水の抵抗がある中で肩を動かす、回す動きをするため、肩関節の柔軟性と可動域の広さを得ることができる。

「一番いいのは背泳です。肩から動かさないと腕が耳の横を通らないんです。肩を動かさないで手だけで回そうとするのはダメ。必ず始動は肩なんです。背泳をやることによって肩甲骨が動きますし、肩関節がやわらかくなる。ひと冬水泳をやって変わったのが川口（知哉）。関節の可動範囲が広がって、しっかり腕が振れるようになりました」

平安OBの炭谷銀仁朗（現巨人）は小学生時代にバタフライでジュニアオリンピックに出場したほどの実力。水泳経験が捕手としての強肩につながった。

ただ、近年、原田監督を悩ませているのは泳げない子がいること。水泳以前の子がいることだ。

「毎年必ず5人ぐらい『泳げません』てヤツがおるんですよ。『小学校、中学校でプールあったやろ？何してたん？』って。『水見たら飛び込みたくならへんか？』と言っても、『そういう感覚ないです』って。最初は全員飛び込みさせるんですけど、飛び込めないヤツもいますし、腹打ちするヤツも一回転するヤツもいます。今の子は遊びでも経験してないので、泳ぎ方を教えるのも大変なんです。ケガのないように身体の使い方を覚えさせてます」

普通に泳ぐだけでなく、バランスを鍛える目的のメニューもある。

「プールの中で前転、後転をさせます。右と左に回転して泳ぐのもさせます。バランスと感覚ですよね。あとはV字腹筋をして25メートル行けとか。『つま先を（水中から）出してつま先を見て泳げ』と言うんですけど、僕は簡単にできるのに子どもらは誰もできないです。力の入れようなんですけどね。できないから、『お前らは腹筋割れてても全部ニセモノや』って言ってます」

この他、後ろ向きに泳ぐことも要求する。

「後ろはめっちゃ難しいんですよ。足が沈みそうになったら、下半身で微調整する。これも感覚なんですけどね」

もちろん、心肺機能を鍛えることも忘れない。

「レベル別に分けて、50メートル45秒以内、50秒以内、55秒以内3本とか。リレーで競争させることもあります」

原田監督が現役時に経験したように、ひと冬水泳をやっていれば、肩やひじが痛いと言う選手は出ない。故障予防だけでなく、球速アップや体力強化、バランス力のアップにもつながる万能トレーニング。オフシーズンの水泳もまた平安の強さの源になっている。

原田英彦のセオリー 19

キャッチボールができない選手にはバッティングをさせない

キャッチボールがすべての基本。そう言っても過言ではない。

守備を重視する原田監督がもっとも力を入れるのがキャッチボールだ。原点は小学生時代に父・一さんから教わったことにある。父は洛陽（現京都工学院）で1950年のセンバツに出場した元甲子園球児。原田監督が自らつくった少年野球チームの指導を頼んでいた。

「毎朝近くの公園に自転車で行って朝練をするんですけど、約1時間、ずっとキャッチボールをやったんです。めっちゃ嫌やったんですけど、6年生の夏に京都の一番大きな大会で優勝したんですよ。エラーがまったくなかったんです。あれでキャッチボールが大事だということを学びましたね」

小学生のときの話だが、原田監督の記憶は鮮明だ。父から教わったことは、はっきりと覚えている。

「言われたのは、ボールから目を離さないのと、ボールの正面に身体を運ぶこと。それと、グラブの芯で捕ることですね」

なぜ、グラブの芯で捕らなければいけないのか。一さんが子どもたちにやらせたのが、素手でのゴロ捕球だった。

「小学生のときは手が小さいですから、両手で捕ってしまうんです。『それが基本や』と。『グラブはめたら片手で捕るやろ。なんでか言うたら、グラブが長いからや。素手やったら、絶対両手でしか捕れへんやろ。これで初めて投げる手に渡すのが早くなるんや』と教えてもらったんです」

グラブの芯で捕らなければ、素早く握り替えはできない。原田監督は今でも父に教わったことを選手に教えている。芯で捕ると捕球時に手が痛いが、そんなことは当たり前。「痛いって言うヤツには、『痛かったら野球すんな。軟球でしたらええ』って言いますね。守備用の手袋はキャッチャー以外ダメ。内野手と外野手で手袋をはめたヤツはいまだかつて一人もいません」。グラブに痛みを緩和する中敷きを入れているとすべて捨てられる。

小学生時代からキャッチボールの重要性を学び、実感した原田監督。だからこそ、指導者になっても妥協しない。就任以来、選手たちに言っているのは「キャッチボールができないヤツはバッティングをさせない。試合にも出さない」ということ。この方針は、今に至るまでぶれずに一貫している。

「合格基準は最低塁間を相手の顔から胸のあたりに、強い球を投げれるか、正面で捕れるかですね。そこまでのレベルにいかないヤツは上（サブグラウンド）で練習さします」

キャッチボールができなければ、全体練習から外してできるまでやらせる。

「卒業しても、長く野球をしてほしいんです。野球をするのに、キャッチボールをすり抜けていくのは不可能。キャッチボールができない選手には、『3年間でキャッチボールを覚えて卒業しなさい』と言ってます」

試合に出る選手たちには、「50センチずれたらセーフになる」と標的を定め、正確に投げることを求める。受けるほうも声とジェスチャーでしっかり呼ぶ習慣をつける。平安といえば守備。守備の基本はキャッチボール。だから、妥協しない。とことん、こだわる。派手なプレーを好み、地味なことをやりたがらないのが高校生だが、それでは本当の実力は身につかない。つまらない基礎練習をいかに丁寧にやり続けることができるか。平安伝統の守備は、基本をおろそかにしない姿勢によって保たれている。

原田英彦のセオリー 20

ゴロは2つ前のバウンドを狙って捕る

ゴロは2つ前のバウンドを狙って捕る――。

確実にゴロの打球をさばくために、原田監督が常に言うのがこれだ。

「捕るところにちょうど合わすのはダメ。目線も下がりますし、下からもぐっていけないですよね。ボールの下から入れとよく言うんですけど、2つ向こうのバウンドを捕る意識を持て。そこを見て、そこで捕ろうと思っていけと言ってます。前を大きく、余裕を持てということですね。余裕持って前を見てたら、ポンとバウンドが変わっても対処できますから」

ボールを下から見る、ボールの下から入る意識づけとしてやるのが、捕球前にグラブを一度地面につける動作だ。自然と姿勢が低くなるため、「腰を落とせ」などと言わなくても理想の姿勢がつくれる。原田監督の就任1年目からやっていることだが、いまだに続いている。習慣にするために有効な方法だ。もうひとつ、原田監督が強調するのが目をつけるということ。

「(2つ前のバウンドに) グラブを持ってきて、なおかつそこに目をつけていく。目をつけないと絶対捕れない。目をつけたら吸収できる。それはずっと言います。目をつけるには、2つ前のバウンドに(目標を) 置いていかないとできない」

この習慣をつけるため、原田監督はノックの打ち方も考える。

「普段はあんまり強いのは打たないです。捕りやすい打球で、リズムよくそこへ入れるように打ちます。リズムが大事なので、リズムを重視しますね」

緩めの打球に対し、足を使って前に出て捕ること、2つ前のバウンドで捕る意識を徹底させる。

「遅い打球にタイミングを合わせて出るほうが難しいんです。それでタイミングが取れれば、速い打球は捕れるんですよ。それに、速い打球はフリーバッティングで守ったら練習できますから」

簡単な打球を丁寧に捕る。簡単な打球だからこそ、細かい部分にこだわってやる。地道なこの積み重ねが、守りの平安をつくっている。

原田英彦のセオリー 21

網なしグラブで守備を鍛える

平安名物・網なしグラブ。

グローブの網（ウェブ）の部分がないだけでなく、指と指を結んでいるひもまでも取ってしまっている。イメージ的には手のひらが大きくなったかたち。もはやグラブの体をなしていない。使い始めたのは、原田監督が初めて3年間面倒を見た1996年のチームのときだった。

「集中力をつけるということで思いつきました。そのチームは軟式出身の子が多かったんですよ。見てたらグラブの芯で捕れない傾向があった。片手でピュッといきよるんです。最初はウェブだけ取らしたんですけど、ひもがあってまだ片手で捕れたんです。それで、ひもを切らしました。ひもがなければ右手をつけないと捕れない。片手で捕れないんです」

選手たちには、こんなことを説明した。

「普通、素手でボールを捕れといわれたら、人さし指の付け根あたりにぶつけて、手のひらでつかみますよね。じゃあ、そのボールを素早く持ち替えるとなったら、もう一方の手は必ず手のひらに合わせるようにしてつかみにいく。拍手をするように、必ず両手がパチンと合うはずなんです。ということは、グラブの網の部分で捕るのはおかしいし、そこで捕ると持ち替えは早くできない。だから、芯で捕らなきゃいけないんだよと」

手が痛いからと網の部分で捕球していた選手は、同じように捕ろうとすると本来は網がある部分を通過して顔面にボールが飛んでくる。それを避けるため、必死に右手で押さえた。

「空振りして顔に当たるんです。鼻血をよう出しとったですよ。冬は当たると（何倍も）痛いでしょ。素手でボールに当てよるんですよ。だから両手が腫れるんです（笑）。そないして苦労してやってましたね。『ケガをせんようにしよう』と思うので、やっぱり、集中力つきましたね」

当時の網なしグラブを使ってのボール回しは語りぐさだ。ノーエラーで左回り50周、右回り50周。ミスすると1からやり直しになる。

「終わらないんでバスを空で帰しました。最終電車に合わせて慌てて終わったり、夜の12時まで6時間やったこともありますよ（笑）」

網なしグラブで54アウト連続ノーエラーのノックもやったことがある。

「あれはホントきつかったみたいですね。真夏ですよ（笑）。当時は妥協しなかった。現役上がってすぐだったんでスタミナもありましたし。やっぱり、根気よくやらなダメですよ。当時のヤツらは、最後までやらないとその練習が終わらないってわかってました。でも、今の子はエラーしても『いつか終わるだろう』と思って本気にならないんです。やろうと思っても、子どものほうから『もう無理です』って拒否しますから」

網なしグラブでは、ゴロを捕る際も右手でふたをしないと捕れない。捕球位置が身体に近くなり、お尻が浮いてしまうという弊害が出たが、それには目をつぶって集中力を磨いた。

「練習試合のノックもみなそれでやらしてました。相手はびっくりしてましたけどね。そのうちに、『網なしで練習試合出ていいですか』というヤツも出てきた」

平安の誇る名手・具志賢三は網なしグラブで壁当てをした。乗田貴士は網なしグラブで練習試合に出た。トヨタ自動車でプレーした乗田は引退後、コーチとして源田壮亮（現埼玉西武）を指導。プロでゴールデングラブ賞を取るまでに育てている。

「慣れてきたらパッとシングルで捕れるんですよ。そこまでいったらたいしたもんですけどね。あれはホント効果あったと思います」

生半可な気持ちでは使えない網なしグラブ。恐怖に打ち勝ち培われる集中力が、平安伝統の守備力につながっている。

原田英彦のセオリー 22

バッテリーの守備を鍛える

48試合でわずか1失策ずつ――。

これが、春夏の甲子園での平安先発バッテリーの通算失策数だ（P84表4）。先発投手では2014年夏の春日部共栄戦で元氏玲仁が送りバントを一塁へ悪送球しただけ。途中登板の投手の失策は2008年センバツの鹿児島工戦（引き分けの試合）で背番号7の小林正幸が一塁にけん制悪送球したものだ。捕手のエラーも03年センバツの中京戦で原康彰が三盗を刺そうとして悪送球で先制点を与えたひとつだけ。小倉全由監督が率いた関東一、日大三は56試合で投手、捕手ともに6個ずつある（P84表5）のと比べれば、いかに平安のバッテリーの守備が鍛えられているかがわかるだろう。

「野球はピッチャーがボールを放さないと始まらないですよね。ということは、一番動揺するのはピッチャーなんです。バッテリーなんです。野球は8、9割バッテリーなんですよ。だからバッテリー

表4　甲子園守備別失策数

48試合	投手	捕手	一塁	二塁	三塁	遊撃	左翼	中堅	右翼	途中
春	0	1	3	4	2	5	3	1	2	2
夏	1	0	2	2	5	6	0	0	0	0
合計	1	1	5	6	7	11	3	1	2	2
1試合平均	0.02	0.02	0.1	0.13	0.15	0.23	0.06	0.02	0.04	0.04

*途中=投手1、二塁1

表5　参考=関東一、日大三（小倉監督）の甲子園守備別失策数

56試合	投手	捕手	一塁	二塁	三塁	遊撃	左翼	中堅	右翼	途中
春	1	3	1	8	4	8	0	2	1	1
夏	5	3	1	3	4	10	1	3	2	1
合計	6	6	2	11	8	18	1	5	3	2
1試合平均	0.11	0.11	0.04	0.2	0.14	0.32	0.02	0.09	0.05	0.04

は他の野手より精神力が強くて当たり前、一番練習して当たり前。主導権を握ってますから。ピッチャーがエラーすると動揺が大きい。それが負けにつながってきますから練習はやります」

原田監督が言うように、立ち上がりに投手の失策が出た春日部共栄戦は1対5の完敗。元氏が初回無死一塁からバント処理悪送球でピンチを広げたのが響き、一挙5失点。この大量失点が最後まで尾を引いた。

「ノックに入れて、いろんなことを想定して、しつこく練習します。バント処理はホントのダッシュですよね。そこから打つとか、（マウンドから）降りたほうと反対にバントするとかします。慌てさせて早よ投げさすためですね。これは全部の野手いっしょですけど、『ファンブルいこう』とわざと落として拾って投げる練習はします。バントでも落としてアウトにする練習しますね。練習では『慌てろ。慌てて投げろ。100以上でせえ。くそ握りでもいいから投げろ。そういう場面もあるんや』と」

練習のための練習はしない。全力でダッシュして、思い切り急いで投げる。練習で最大限の速さでやっていれば、本番で慌てることは少なくできるからだ。

捕手のバント処理練習も細かい。平安独特の「逆足」と呼ばれる練習がある。

「キャッチャーはバントの打球を捕って足が絡んでしまうことがあるんですよね。ランナー一、二塁で、それでもサードで刺さなアカン場面がある。そのときのために、わざと右足を前に出して処理して放る練習もさせます。何があるかわからないので、そういうバランスで投げる場面もある。万が一もあるということです」

左足を前にして投げるのではなく、あえて右足を前にしてバランスを崩しながら投げる。試合で突然これをやるとかなりの確率で悪送球が出る。三塁への悪送球は即失点につながるだけに、準備をしているのだ。強豪校でも、ここまでやっている学校はなかなかない。

左投手でよく見るのが、ピッチャーゴロを捕ったあとの二塁への悪送球。特に併殺を焦ったときに起こりがちだ。左投手が多い平安だけに、この練習もぬかりない。

「一塁側に降りてきて、（二塁への）ボールが抜けることもよくあるので、一回ステップを踏めと言います。軸足をしっかり安定させて、方向づけをせえと。それをしたうえで必ずライン（ベース上）に投げる。このとき野手は必ずスライディングされたのを想定します。コーンを2つ、3つ置いて、これを避けて送球する。これはゲッツー練習のときは必ずやりますね」

コーンなど障害物を置いて練習しているチームは数少ない。原田監督は常々「練習は実戦、実戦は練習」と言っているが、このように常に試合を想定してやるからこそ、試合でミスが少なくなるのだ。全国の大舞台でエラーが少ないのには理由がある。あらゆる状況に対応できる守備練習。細かいこだわりがバッテリーの鉄壁の守備をつくっている。

原田英彦のセオリー 23

捕手のけん制能力を鍛える

けん制がうまいのは投手だけではない。

平安はしばしば捕手もけん制で大事なランナーを刺している。原田監督がベストゲームに挙げる2001年夏の甲子園準々決勝・松山商戦でも池田樹彦が見せた。0対2とリードされた4回表。一死からサードゴロ悪送球、死球と悪い流れで一、二塁のピンチを迎える。原田監督が伝令を送り、タイムがかかった直後の初球だった。捕手の池田が二塁に素早いけん制を投げ、飛び出した走者を三塁でアウトにした。後続も断って流れを呼び込み、その裏に1点。池田は9回表にも二死からエラーで出した走者をけん制で刺し、好ゲームにつなげた。近年では18年夏の京都大会決勝・立命館宇治戦。1対0で迎えた3回表一死三塁のピンチに捕手・田島光祐が外角に外すボールを要求。素早い送球で三塁ランナーを刺している。

「やっぱり、キャッチャーの洞察力ですよね。三塁ランナーや一塁ランナーの動き、帰塁の仕方を見とけって言うんですよ。最初はベンチから一塁へ投げろ、三塁へ投げろとサイン出すんです。『気づいたか？　オレに言われてからしたらアカン。自分で見るようにせえ。スキ探せ』と言って教えていく。それができたらすごいほめてやります。『目立ってるでー』とか言ってやると、選手はそれが残るので、次の試合から探しよるんですよ。それでマルなんです」

気づいても、刺せなければ意味がない。ピンチの場面で冷静にストライクを投げるために、平安には捕手が瞬時に各塁へ投げる独特のメニューがある。

まずは、一塁、二塁、三塁の各塁に番号をつける。これは必ずしもベースの数字と一致させる必要はなく、あえてランダムにする。例えば、一塁を1、二塁を3、三塁を5といった感じだ。これを頭に入れたうえで、捕手は原田監督が投球と同時に言う数字に耳を傾ける。「3」と言えば二塁へ、「5」と言えば三塁へ投げるのだ。ときには捕る瞬間に「5、1」と言うこともある。この場合は、一瞬、三塁を見たあとに一塁へ投げる。反応の練習だ。毎回番号を変えるので、慣れることはない。ボーっとしていれば混乱してどこへ投げるかわからなくなってしまうため、頭をクリアにしたうえで、瞬時に反応することが求められるのだ。ちょっと工夫をしただけで、ただの送球練習が実戦に近い難易度の高いものへと変えられる。楽しく盛り上がるメニューへと進化する。アイデア練習で鍛えた対応力が、ここ一番でピンチを救うけん制球につながっている。

原田英彦のセオリー 24

ボール、マウンドを変えて投球練習する

ここまでやっているチームは聞いたことがない。

平安では、ピッチャーがブルペンで投球練習をする際、1ダース分のボールを用意する。しかも、用意するボールが普通ではない。メーカーの違うボール、傷んでいるボール、きれいなボール、ニューボール……。さまざまなボールを交ぜるのだ。それを見ずに、パッとつかんだボールを使って投げる。

「審判からいろんな（状態の）ボールが返ってきますからね。メーカーも京都はミズノですけど、甲子園はミズノと久保田を併用します。3回戦ぐらいまでは久保田をたくさん交ぜて、準々決勝からはミズノにするとかあるんです。その情報を得て、久保田も買ってます」

ボールだけではない。マウンドも複数ある。かつての亀岡グラウンドは高さを変えて3種類。現在の平安ボールパークも高めと低めの2種類のマウンドがある。

「就任当初は弱かったんで、公立のグラウンドで試合することがあったんですよ。そしたら、プレートが木の板のところがあったんです。ゴムのプレートでも10センチぐらい掘れる、スパイクをプレートに引っかけないといけない球場とかがあった。そういうところでもアカンということですね。球場によってマウンドの状態が違う。高さも違うだろうということであえて作りました。西京極（わかさスタジアム）はちょっと低いというか、なだらかですよね。甲子園はみな高いと言います」

京都大会で複数の球場を使うのはもちろん、近畿大会で初めての球場に行って試合をすることもある。それぞれ微妙に高さや感じ方が違うため、投手によって合う、合わないがある。だが、高校野球はトーナメントの一発勝負。言い訳はできない。対応しなければいけないのだ。

「雨の日のピッチングもやります。ポケットにロジン入れさせて。昔はこまめにアンダーシャツを変えなアカンかった。袖に水がたまってきますからね」

ボールもマウンドも天候もいろんなパターンで練習しておくことによって、経験と慣れを得ることができる。経験があれば、たとえ試合中に違和感があっても対応、修正ができる。初めてで戸惑うことがないよう、想定できる範囲の準備はすべてやる。徹底した準備が安定した投球につながるのだ。

原田英彦のセオリー 25

スイングをする場所で普段から素振りをしているかどうか見分ける

甲子園の宿舎はもちろん、春の沖縄合宿の際は、毎日1時間程度、全員で素振りをする。内角高め、内角真ん中、内角低め、真ん中高め、ど真ん中、真ん中低め、外角高め、外角真ん中、外角低めの9コース。「左ピッチャーの内角高め」「右ピッチャーの外角スライダー」など左右の投手と球種やコースをイメージしながら振る。

「最初の200～300は全員で振りますけど、そこからは個人です。大会中は相手が決まったら、相手ピッチャーをイメージして振らします」

この練習をやると、スイングする前から普段の様子がわかる。

「今の子っていうのは、寮や家でスイングしてるかしてないかは整列した瞬間にわかるんです。僕らは一人で振ってましたから、絶対、壁を見て振るんですよね。自分の前に人がいたり、横に人が並んで立っていたりしたら嫌なんです。そのほうが集中できるんですよ。だから、しっかりバット振ってる子は、そういうところを選びます。逆に、まったくバットを振ってないヤツは、2、3人並んで、あっち向いたり、こっち向いたりしよるんです。全然目標がないんです」

ただ振ればいいのか。投手をイメージして振るのか。同じ時間を使い、同じことをしても、意識によってまったく練習の質と効果は変わってくる。

「春の合宿に行ったときに、『バットというのは、こういう心構えで振るんや』というのは必ず言います。『お前は玄関の戸かガラスを見てるけど、人いっぱい出てくるやないか。そんなんで集中できるか？　お前みたいなのは（普段）バット振ってないやろ』って」

指導者もしっかり選手を見ようという意識があるかどうか。なければ、選手の並び方や向いている方向に気づかず、成果のない練習になってしまう。2年半しかない高校野球で無駄にする時間はない。少しでもいい練習にするため、原田監督は目を光らせている。

原田英彦のセオリー 26

走って精神面を鍛える

亀岡グラウンドの川口坂。

平安ボールパークの根性坂。

新旧の平安グラウンドにはともに名前のつけられた坂がある。

川口坂は砂利道だった坂を走れるように舗装。そこに30メートル、50メートル、60メートル、80メートルのラインがペンキで書かれている。

「50メートル100本とか60メートル100本とかのダッシュをやるんですけど、その坂はグラウンドから見えるんで抜けないんです。帰りもダラダラしてられない」

名前の由来となった川口知哉は1周750メートルの外周を20周走ってからピッチングやバッティングをやり、そのあとに100本の坂ダッシュやポール間走20本をこなした。

「それをこなそうと思ったら抜く時間がないんですよ。ホント忙しくやってましたね」

根性坂はボールパーク入口にあり、約200メートル。高低差30メートルある急こう配だ。1分45秒で下りていき、上りはダッシュで駆け上がる。足の速さに応じて設定される45秒から48秒のタイムをクリアすると1本。これを日によって3本から7本やる。加えて、400メートルある外周走もある。投手は25～30周走るのが普通だ。

「走ったら確実に下半身強なります。大きくもなりますしね」

この他には、ピッチャー専用にグラウンド内を延々と走るメニューもある。スタート地点はレフトポール前。レフトの定位置から左中間あたりにひとつめのコーン、センターを過ぎたあたりにふたつめのコーン、右中間からライトの定位置あたりにみっつめのコーンを置く。左中間のコーンを回って戻り、センターのコーンを回って戻り、ライトのコーンを回って戻って1周。これを多いときは60周もするのだ。スタート地点には走る周数分のかまぼこ板が用意されており、もっとも遠いコーンのところにかまぼこ板を入れるかごが置かれているため数をごまかすこともできない。

「あえて同じとこをずーっと走らすんですよね。そうすると精神力がつくんですよ。60周だと3時間以上走ってないといけない。しゃべれませんし、めっちゃ退屈するんです。退屈する中で何を考えながら走るか。いろんな発想が生まれるんですよ」

そして、きわめつけが通称「4―3―2―1」と呼ばれる平安名物のランメニューだ。グラウンドに1周250メートルから300メートルのトラックを描き、設定タイムをクリアするタイム切り走を行う。4周タイム切りから始まり、3周、2周、1周のタイム切りで終わりになる。

「本気になってどんだけ頑張りよるか。昔は全員がタイム切れるまで妥協しなかった。今はもうダメなヤツは（あきらめて）全然やらないので、能力別に4チームつくってやります。そのグループが切れるタイムを設定して、4周切れたら3周、2周、1周と進んでいく。4周が切れなかったら切れるまでやります。〝4─3─2─1〟と聞くのが教え子は一番嫌でしょ（笑）」

孤独に耐え、苦しさと逃げ出したい自分に打ち勝ち、走り切ることで心が強くなる。原始的かもしれない。だが、走ることでしか得られないものは必ずある。原田監督の率いた平安は甲子園での延長戦の成績が6勝3敗1引き分け。延長での強さの秘密を尋ねると、原田監督は間髪入れずに答えた。

「冬場のランニングはすっごい苦しいですから。心を強くしてるんだと思いますよ。精神力ってすごいですよね。言わば、火事場のバカ力。『もうダメだ』と思ったところから100メートルぐらいは真剣に走れるんですよ。ノックなら3本や4本捕れるんですよね。僕らはそういうことを経験してきてますからできるのがわかってますけど、今の子はそういう経験をしてないので、経験させたい。それはずーっと思ってますね」

「ダメだ」と思ったところからいかに踏ん張れるか。限界にチャレンジして乗り越えていくことが、ピンチや延長での強さにつながるのだ。

原田英彦のセオリー 27

クリーニングで切り替える

原田監督がメンタルトレーニングに興味を持った時期は早い。現役時代にジム・レーヤーの本を読んだのがきっかけだった。

「そこに、アメリカは第二次大戦中からメンタルトレーニングをしてた、立っててても2分で寝れるトレーニングをしたと書いてあったんです。日本は寝ずに特攻隊で突っ込めという時代ですよ。やってること違うなと思いましたね。そこから、身体の力の入れ方とか抜き方とか、我流でメンタルトレーニングやってたんです」

監督になって4年目頃からメンタルコーチを招いて本格的に取り組んだ。呼吸法やイメージトレーニングなどを学び、今では試合前には落ち着くトレーニング、試合寸前には心身を高揚させるトレーニング、試合後には「今日のことは忘れよう」というクリーニングをするのがルーティンになっている。

セオリー56（189ページ）で紹介する試合前のサイキングアップと同様に、原田監督が重要視しているのが切り替えのためのクリーニングだ。毎試合後、必ず行うようにしている。

「カーテンを閉めて、部屋を真っ暗にして、寝っ転がってやります。クリーニングイコール腹式呼吸ですね。数を数えながら、吸って、吐いてをずーっとくり返していくんですけど、完全に寝ますね。カーッていって寝てますよ。寝たら5分ぐらい時間をおいて、手を叩いて起こす。頭を空っぽにした状態で次のゲームへ入ろうということです」

クリーニングと同時にその日あったことは忘れるのが狙いだ。本塁打を何本打とうが、三振を何個しようが、終わったこと。調子に乗るのも、引きずるのもなし。すべてゼロにして次の試合に向かっていく。そのため、クリーニング後に終わった試合のビデオを見るのはご法度だ。

「見るなら完全に大会が終わってからでええやないかと。夜のニュースも見るなと言います。まぁ、部屋にテレビあるんで、こっそり見てるヤツはいますけど（笑）」

通常は試合が終わって帰ってきて、ダウンをしたあとに行うが、2014年のセンバツでは、準決勝後の夜に宿舎で取材があったため、クリーニングは取材が終わってから行った。取材では、必ずその日の試合のことを聞かれるからだ。

切り替えが必要なのは試合中も同じ。打席の結果がよくなかったときは、ベンチに座って腹式呼吸でクリーニングをする。打席前にセンタリング（両手を真上に上げ、背筋を伸ばした状態で腰を落とす平安の基本姿勢）で身体を整えるのも、打席の途中でセンタリングで仕切り直しするのも切り替えのためだ。

「練習もセンタリングから始めます。まず身体を整えようということ。バチッと身体を整えないといい考えやいい気は入ってこないですから。打席では、変な空振りをして『しもた』と思ったらセンタリングで修正します」

悪いイメージが残っていると、そのイメージに影響されていいプレーができない。面倒でも、一回一回修正することでミスの連鎖を防ぐ。クリーニングとセンタリング。ふたつの〝切り替えルーティン〟が、平安ナインの心を安定させている。

原田英彦のセオリー　28

極端なことをやらせる

平安には、伝説になっている練習がいくつもある。

かたちを覚えるため、やってはいけないことを思い知らせるために、原田監督がとにかくむちゃくちゃなことをやらせるのだ。ほとんどが、原田監督が就任直後の初期のことではあるが……。

原田監督が初めて3年間見た1996年のチームでは、キャッチャー防具をつけて至近距離からノックをした。捕手は5メートル、野手は15メートルの距離からノックを打つ。逃げることは許さなかった。

「最後までボールを見る練習です。冬場にボールから目を離す行為を見たんです。最初は『グラブ外せ』と言ってましたけど、ケガがあるじゃないですか。当時は人数が少ないので、それはアカンなと思って、防具をつけて、グラブはめてやったんです。『身体で止めろ。目離すな。防具つけてたらどこ当たっても痛ないやろ』って。反対側の手は剣道の小手をつけてましたけど、ほとんど軍手ですわ（笑）。横に打ったら反射的に手を出しますから、正面狙って打ってました」

目を離さないための練習はバント練習でもある。右打席や左打席に立つのではなく、ホームベースをまたぎ、投手に正対して構える。その状態で自分に向かって来る球をバントするのだ。

「よけるな。目を離さないで見てたら絶対当たるやろと。練習試合でミスがあるとやりましたね。これをやると変わりますよ」

変化球を止めるのが苦手だった炭谷銀仁朗には、ミットではなく軍手一枚でカーブマシンのボールを捕る練習をさせた。

「あごが上がってたんですよね。結局、ボールを見ないと捕れないですから、見ろってことですね。服部（大輔）が2年のときはキャッチャーに原（康彰）がいたんですよ。この子はワンバンを完璧に止めた。秋から銀（炭谷）になって、服部の変化球をことごとく後ろにやりよったんです。絶対見てないんですよ。この練習のおかげで、西武に入ったとき、伊東監督（勤、当時）が『守備は教えることない』と言ってくれた。あれはうれしかったですね」

言ってもわからないなら、わかるようにやらせる。極端なことをやれば、誰でもわかるからだ。やってはいけないことも、わかるまでやらせる。思い知らせる。だから、試合でエラーが出たら、試合後の練習は延々とノックが続く。

「何時間も続くことがあるので、一番ピリッとできると思いますね」

最長記録は2002年秋。公式戦で2失策したあと、6時間ノックが続いた。

「昔は1000本ノックとかやってました。1日中ベースランニングとか1日中外周もやりました。『1日中走っとけ』っていうのもありました。ダブルヘッダーで2試合負けたら、夏でも50メートルダッシュ200本。まぁ、あの頃の練習は言えないです（笑）。96年のチームのときは、毎日11時15分に終わってた。家に帰ったら午前という子がいっぱいいました。その子らが僕の流れをしっかり受け止めてくれて基本になった。それをひとつ下の川口（知哉）らが見てましたので、『やらないかん』という思いになってくれたと思いますね」

もちろん、今はそこまで極端なことはしないし、できない。

「ボチボチ弱い子が出てきたのが02年ぐらい。夏の大会前に最後メンバーに入れようと思ってサードの子にノックしてたんです。『立てー！』と言ったら、『無理です』とあがっていった。『メンバー入りたないんか？』と訊いたら、『僕、もういいです』って言いました（笑）。そのあたりから競争がなくなってきた。隠れて練習する子もいなくなりましたね」

とはいえ、今の平安があるのは、若い原田監督の要求についてきた先輩たちがいたから。めちゃくちゃなことでも、歯を食いしばって食らいついた先輩たちがいたから。原田野球の礎は、間違いなく猛練習にある。

三塁コーチャーを専門職にして鍛える

10人目のレギュラー。戦力として原田監督が重要視しているのが三塁のランナーコーチだ。

「すっごい大事やと思うんですよね。点に絡みますから。代打とか守りとか二役持てるのが一番いいんですけど、他で出れなくても、コーチャーだけで必ずひとつポジションを与えます」

コーチャーに選ぶ条件はいくつかある。

「声が出るのが一番ですよね。あとは明るいこと。常に考えられることですね。毎年、よう似たタイプになりますすね」

キャラクターが第一条件になるが、コーチャーとしての技術も細かく指導する。複数の走者がいるときは、右手で前の走者、左手で後ろの走者に指示。走者に滑り込ませる場合は走者が走ってくる一直線上にいて、低い姿勢でジェスチャーをする。

また、止める場合も種類がある。余裕があるときは立ってストップ。すぐに返球が来そうで余裕のないときは、押すジェスチャーで走者に近づいていく。

「止めるときは（走者との）距離を置いたらダメですね。回すか止めるかどっちか迷ったら、グッと押し込めるだけの距離を持てと」

ゆっくりとオーバーランさせる場合は手を広げて止める。本塁に行けるタイミングではないが、ボールが遠い位置にあり、すぐに返球されないときだ。この場合は、外野手がファンブルするなどチャンスが生まれたらすぐに加速して本塁にスタートできるよう準備をさせておく。

「ポロッとしたときに回れと伝えられる距離を持て。近づきすぎるなと。レフト、センター、ライトによって出る距離も違う。距離感に関しては結構しつこく、うるさく言いますね」

回す場合は、さらに原田監督の要求は細かい。

「まずは角度。ふくらませないように、小さく回れるようにコーチャー自身がラインに近づく。次に目。ランナーは絶対コーチャーの目とジェスチャーを見ますから、絶対に目を合わせろと。グッと（力を入れる）目をしたら、『これは早よ行かなアカン』、目を開いて手を速く回したら『これはぎりぎりやな』というのがわかるじゃないですか。ランナーは後ろは見えないから、お前自身が慌てないかん。『行けー！』というパフォーマンスを見せるようにと言います。逆に、完全に行けるときは後ろのランナー見ながら手だけ回す。目は合わさんでええと」

この他、走者がいない場合も声をかけたり、強い視線を送ったりして投手にプレッシャーを与える。投手に気持ちよく投げさせないためには、「クセを見破ってやる」などの意志を示し、存在感を出すことが大事なのだ。ちなみに、原田監督の中で印象に残る歴代のコーチャーは誰か。

「川口（知哉）のときの西井（晋）ですね。底抜けに明るくて、いじられ役。一番のムードメーカーなんですよ。この子は元キャッチャーで内野も外野も守れた。僕はなんでもしますよっていうオールラウンドな子やったんです。あの子の存在はすごく大きかったですよね」

試合には出なくても、「あいつのおかげで勝てた」といわれるまでやるのが平安の三塁コーチャーの目指すべきところ。だから、原田監督はこんな言葉をかける。

「お前のポジションなんやから目立つことできるやろ。目立ったらええんや」

そこには、こんな想いがある。

「バッティング練習もせずコーチャーの練習をする。ほぼ本職ですから、そこにプライドを持てと。甲子園では必ずほめられろと言います。いろんな人が見てますからね。ウチのコーチャーは結構記事になってるんですよ」

これまでの甲子園では、声を出しすぎて、大きく動きすぎて注意を受けたことがある。だが、それぐらいでちょうどいい。目立ってナンボ。目立たなければ平安のコーチャーではない。どれだけ存在感を出せるかが勝負。いるだけで戦力になるのが、平安のコーチャーなのだ。

第3章

選手育成術

原田英彦のセオリー 30

スコアブックを読み書きできるようにする

野球部員なのに、スコアブックを読めない、書けない。残念ながら、これが最近の高校生の特徴だ。

「ほとんどの子が見たことない。読めるのも半分で、読めるけど書けないというのがほとんどです。初めから書けるのは2、3人ですね」

高校野球をやるうえで、スコアブックの読み書きができるのは基本だ。特に平安では、試合前にも、試合中にもスコアブックを使う機会は多い。そのため、原田監督は新入生には野球部員としての活動が始まる1年生の春休みから全員にスコアを書く練習をさせる。

「春休みはずっとオープン戦をやるじゃないですか。外野やスタンドに行かせて、試合を観ながらスコアを書く練習をさします。これは監督1年目からずっとやってます。いずれ試合を観に行って書くとか、（相手チームを）分析したりとかありますからね。野球やってる以上、絶対読み書きできないかんと思います。確実に覚えるまで書かせます。特にバッテリーにはきっちり覚えさせますね」

書いたら他の選手と照らし合わせ、間違いを修正して覚えていく。4月以降も雨の日などを利用し、教室でビデオを見ながら書いたり、過去の試合のスコアシートを見て、その試合のポイントを話し合わせるなど、何度も読み書きする機会を設けるようにしている。

ちなみに、入学時からスコアブックを書けるのは中学時代に軟式野球をやっていた選手に多く、硬式野球出身者にはほとんどいないという。

「軟式の子、特にキャッチャーは読み書きできるんですよ。硬式の子はまったくできない。これはっきりしてます。だから、中学生を観るときは結構、軟式のキャッチャーは観ますよ。硬式は打つだけ、走るだけ、守るだけ。細かい野球をさせてないんですよね。1年から試合ばかりでそういうことを勉強する時間がないんだと思います」

軟式野球は点数が入りにくく、ロースコアの試合が多い。安打が出にくいため、エンドランやスクイズなど機動力を使った作戦を多用する。必然的に捕手は注意深くなり、相手のベンチや打者、走者を観察するようになる。

それもあり、原田監督は軟式出身の捕手を重宝する。中学時からスコアを見るのに慣れているため、打球方向はもちろん、相手がしかけてくるタイミングや作戦などを気にする習慣がついているからだ。

「一番手であれ、二番手であれ、ベンチに軟式出身のキャッチャーがおるのが、すごくいい存在になるんですよね」

平安では、試合中、ベンチにいる控えの捕手が選手たちに指示を送る役割を担っている。的確な判断、指示をするのに、スコアブックを見る能力は欠かせない。また、軟式出身の捕手をファーストにコンバートして使うこともある。相手ベンチや打者を観察し、かけひきをする習慣がついているため、視野が広く、けん制やバントシフトなど考えた守備ができるからだ。

普段からスコアブックをつけていれば、ボールカウントごとの配球や作戦をしかけるタイミングに敏感になる。考えて野球をやるクセがつく。打つ、投げるだけではなく、かけひきのある、細かい野球をやることにつなげることができる。スコアブックを読み書きできて得することはあっても、損することはない。だから原田監督は重要視するのだ。

原田英彦のセオリー 31

役割を明確にし、あらゆる準備をさせる

一死満塁、一死一塁、一死満塁。

合計7人の走者を背負った場面で登板し、一人として生還させなかったのが、2014年センバツで優勝したときにエースナンバーをつけていた中田竜次だ。平安のセンバツ初優勝は、ピンチに動じない強心臓の守護神なしにはありえなかった。

初戦の大島戦は1対1で迎えた5回表一死満塁、四番打者での登板。21世紀枠で選ばれた離島のチームの健闘に、スタンド全体が大島応援ムードになっている中でのマウンドだった。3球目を投げる前、中田は一塁にけん制。ベースから離れていたファーストが一塁に入り、タイミングを合わせてけん制を投げる平安得意のプレーで一塁走者を刺すと、この試合2打数2安打と当たっていた四番の小野浩之介を外角スライダーで空振りの三振に斬って取り、ピンチを脱した。これで流れを引き寄せた

平安はその裏に3点。試合の行方は決まった。

2回戦の八戸学院光星戦は6点リードの9回表一死一塁で登板し、1四球を与えたが無失点。準々決勝の桐生第一戦は2対4の6回表に登板して三者凡退に抑えた。準決勝は登板せず、迎えた決勝の履正社戦。この大会最大のピンチで出番はやってきた。

4対2とリードした8回裏一死満塁。前の打者から登板した犬塚貴哉が九番打者にカウント2ボールとしたところでお呼びがかかったのだ。絶体絶命のピンチだったが、中田は冷静だった。初球はボールで3―0となるが、2球続けてストレートでストライクを取り、3―2。最後は外角へのスライダーで空振り三振を奪った。さらに、一番の辻心薫にはカウント2―2からピッチャーゴロを打たせて無失点。9回裏も得点を与えず、見事に胴上げ投手に輝いた。

まさに、中田様様の大活躍。継投策が成功しての優勝だったが、実は原田監督は継投が得意ではない。

「僕は継投はあんまりうまくないんですよ。最初から（誰が何イニングと）決めた継投やったらいいんですけど、軸が打たれたところで早めによう代えんのですよ。軸がいかれたら終わりやという感覚なので。結構点取られてから（の交代）になってしまいます。『遅いんだよ』ってよくヤジられてるの聞こえてますよ（笑）」

なぜ、この大会の継投はうまくいったのか。ひとつは、大黒柱となる投手がいなかったことがある。

左腕の元氏玲仁、高橋奎二が交互に先発したが、2人ともまだ2年生。絶対的な信頼はなかった。もうひとつは、中田に準備をさせていたこと。ピンチで登板するという役割を認識させていたことだ。

「中田には『お前は絶対先発で使わない。抑えだ』ってはっきり言いました。どんな場面で出て行っても抑えられるように、いろんなことを想定してやらせましたね」

セオリー24（89ページ）で紹介したいろんなボールをつかませて投げる練習に加え、わずか10球の投球練習だけでマウンドに上げることもあった。センバツ前の冬の間には球種を増やすように指示。この間にカットボールをマスターしたのが大きかった。

「秋まではボール、ボールと続いたらフォアボールというピッチャーだった。それが、カットボールがストライクを取れるボールになったんです。あいつのカットボールはチェンジアップ気味にスピードが落ちるんですよ。それでストライクが取れるので、本人も自信がついたと思います」

スライダーはもともと得意で右打者には自信を持っていたが、カットボールが加わったことで左打者にも強気で攻められるようになった。決勝の8回裏。辻をピッチャーゴロに打ち取ったのは左打者の内角へのカットボール。新球をマスターした成果だった。

171センチ、67キロと小柄で、140キロを超えるスピードがあるわけではない中田。完投は難しいが、短いイニングに限定し、救援に専念させれば変化球のよさが活きる。持ち味を見極め、役割を明確にすることでスーパーリリーフエースが生まれた。

過度なウエートトレーニングはやらない

検索サイトに「原田英彦」と入れると、「筋肉」の文字が出る。

それぐらい原田監督の鍛えられた身体は有名だ。食トレとともにウエートトレーニングが全盛の高校野球。原田監督の身体を見れば、平安もガンガントレーニングをしているのかと思いがちだが、実は真逆。基本的にウエートトレーニングはやらない。やるとすれば、軽くベンチプレスをやる程度。自重を使ったトレーニングが主だ。

「僕は自分が31歳までできた。長く現役でやらせたいという想いがあるんです。そのためには、高校時代にガンガンアウター（マッスル）をつけていったら、選手寿命は縮まる。高校ではしなやかで弾力性のある筋肉をつけてやりたい。彼らは成長期。身長が伸びてる子もたくさんいますから。大学に行って、身長が止まってから外は色づけしたらいいよという方針でやってます。そのほうが、長くできるし、ケガも少なくなると思います」

実はこの考えは、原田監督の現役時代の経験からきている。平安を卒業後、日本新薬に入社。俊足を買われて一番を打っていたが、6年目に三番を打つように言われた。入社時は体重60キロしかなかった華奢な身体。金属バットの時代とはいえ、ホームランを打つ力はなかった。

「日生（日本生命）のヤツやらに『こいつ三番打つようなバッターちゃうぞ。足だけや。足だけ注意せえ』と言われてカチンときたんです。それで、やったろうと」

職場に会社のラグビー部のコーチがいたため、ウエートトレーニングの指導を依頼。メニューを作ってもらった。毎日2時間、ベンチプレスやバックプレスなどのトレーニングに励んだ。

「（年が）明けた春のキャンプで打球がガンガン飛び出したんです。みな、びっくりするぐらい。これはおもろいわと思って、朝昼晩、ウエートやりました。みるみる身体が大きくなるでしょ。1年間で体重が8キロ増えました」

原田監督に触発されてチームメイトもウエートトレーニングに取り組むようになり、日本新薬は本塁打を量産。どんどん身体が大きくなるのを見た相手チームから「新薬にええ薬あるぞ。何飲んでんねん。その薬くれ」と言われるほどだった。

「鏡見たら、カッコええんです。金属バットだったので、やるだけやったら飛びましたし。それで、もっとやろう、もっとやろうと思ってしまった。組んでもらったメニューはラグビーのメニューだったのに（笑）」

身体が大きくなり、パワーもついた。だが、一方で弊害もあった。

「知らん間に、首が後ろに回らなくなってたんです。胸筋が邪魔してバットが外回りして、インコースが打てなくなった。ひざにも負担がかかったり、柔軟性もまったくなくなった。『しまった、やりすぎた』と思ったときには遅かったですね。もう戻らなかった。バカだなと思いました。ホント間違ったトレーニングだったんです」

この反省があるから、指導者になったとき、選手たちに同じ思いはさせてはいけないと思った。原田監督が就任した当時の平安にはウエートトレーニング重視のトレーニングコーチがいたが、選手たちの身体つきはいいものの、走れないし、動けない。1年でやめてもらい、柔軟性と可動域を重視する中田佳和コンディショニングコーチに来てもらうようにした。それから25年以上たつが、今も継続して指導してもらっている。

ちなみに、検索候補に「筋肉」と表示される原田監督自身は今も朝や練習後の夜、ジムに通い、1時間半程度身体を動かしている。以前の自宅にはトレーニングルームをつくっていた。マンションに引っ越した今は6階までの階段の上り下りやテレビを見ながらの腹筋などで鍛えている。大会中は「シャキッとするために」グラウンドで腹筋、背筋をする。若いときからの継続効果で今も100キロのベンチプレスを軽く上げるし、腹筋をすれば選手に負けない。

「腹が出ると許せない。子どもたちに負けないぐらいビシッとしておいたほうがいいと思うので。長くやってないとダラーッとして、気持ちも身体も締まらないですね。中毒というまでの頻度はしないですけど、やるときは週3、4回はやりますね。まぁ、維持程度ですよ。真剣にやれば体質的にまだ筋肉はつくと思うんですけど、それやるとアホみたいになってしまうんで（笑）。ただねぇ、ひざは弱りますよ。僕は飛んだり、跳ねたりが好きなんで負担かかります。上体は簡単なんです。下半身を鍛えるのが難しいですよ。やっぱり、走って鍛えなダメなので」

かつて120センチあった胸囲は115センチ程度になった。「120というのは筋肉の120。今は脂肪があって115ぐらい」と言うが、それでも厚い胸板は迫力十分だ。

「メーカーに迷惑かけたことあるんですよ。胸筋があるから、胸を張るでしょ。ユニフォームの下に来てるアンダーシャツのマークが透けて見えるんですよ」

紺のアンダーシャツにワンポイントでついているメーカーのマークが白いユニフォーム越しに見えるのがNHKで問題になり、業者が呼ばれ、マークの色をアンダーシャツと同じ色にするように言われたらしい。

「それで機械変えなアカンようになった。『原田監督のせいでえらい損害です』と言われました（笑）」

ユニフォームを着ていても隠せない胸筋。選手はもちろん、相手をもビビらすオーラを生み出す要因になっている。

原田英彦のセオリー 33

左投手を育成する

平安といえば左投手。

そんなイメージがつくぐらい、平安のエースは左が多い。原田監督になって甲子園に出場したチームを年ごとに見ると、実に15チーム中10チームで左投手が主戦として投げている（実質エースを含む）。夏の甲子園で準優勝した１９９７年のエース・川口知哉も、春のセンバツで優勝した２０１４年の高橋奎二、元氏玲仁の二枚看板もサウスポーだ（表6）。

「なぜ、左ピッチャーが多い？　いやー、来るんですよ。僕が集めてるわけじゃないけど、集まるんですよね。左が大成するのがみなわかっとるんやと思います。僕自身も左利きなんで、見やすいんです」

近年の高校野球は、ピッチングマシンや練習法の進化で打力のレベルが上がった。右投げのオーバーハンドの１４０キロなら簡単に打ち返されてしまう。１３０キロ台では、サイドスローやアンダースローなどの変則を除けばとても甲子園にたどりつけない。ところが、左投げの場合は１４０キロに満たなくても甲子園に出られるし、全国でも勝てる。必然的に近年は甲子園出場校のエースも左投手の割合が増えている（**表7**）。なぜ、左投手はスピードがなくても勝てるのか。

「右ピッチャーは多いですから、（打者が）見る機会が多い。左ピッチャーのほうが見る機会が少ないですよね。練習でも半分以上は右ピッチャーを打ちます。ほとんど左ピッチャーを打ってるというチームはあんまりないと思う。アームマシンも右側にアームがついてますし、左ピッチャーを練習する機会が少ないですよね」

希少性に加え、原田監督が価値を感じるのが独自性だ。

「左ピッチャーって個性があるんですよね。球道が独特なんです。これは僕の理論なんですけど、骨格が関係あると思い

表6　甲子園出場時の主力投手

年	大会	投法	
1997	春夏	左	川口知哉
1999	春	右横	香川宜広
2001	夏	右横	高塚雄太
2002	春	右横	高塚雄太
2003	春夏	左	服部大輔
2008	春	左	川口　亮
2009	夏	左	縄田健太
2011	夏	左	太田　翼
2012	夏	右	田村嘉英
2013	春	左	福岡拓弥
2014	春夏	左	高橋奎二
		左	元氏玲仁
2015	春	左	高橋奎二
2016	春	左	市岡奏馬
2018	夏	右	小寺智也
2019	春	左	野澤秀伍

表7　夏の甲子園代表校背番号1

大会回数	年	右	左	左投手割合%
80	1998	45	10	18.2
90	2008	38	17	30.9
99	2017	29	20	40.8
100	2018	42	14	25.0
101	2019	31	18	36.7

ます。あとはやけに手が長いとか。（フォームが）ぎくしゃくしたヤツが多いんですよ。それによってボールが見にくいとか、ちっこいけどキレがあるヤツが多いんやと思います」

野球の構造上、右投げの場合はどのポジションでも守れるが、左投げの場合は投手以外、ファーストか外野に限定される。小さい頃からショートスローをする機会も少ないため、左利きの選手は投げ方を矯正されず、比較的自由に投げている。そのため、投手をやらせてもぎくしゃくした独特なフォームで投げる選手が多い。

「日本は日常生活でも右利き用につくられている（鉄道の自動改札機、自動販売機など）。右利きに生活しやすくなっているのも、神経系の面で何か影響してるんじゃないかと考えてます。だから、僕は左ピッチャーでも同じスタイルには絶対しないんですよ。左ピッチャーの投げ方は絶対いじらないです。そいつの持ってるもんやと思うんです」

教科書通りのきれいなフォームではないからこそ、変化球にキレが出たり、まっすぐが微妙に変化したりする。それを活かすのだ。

「カーブ、スライダーもみんな同じボールは絶対放れないと思うんですよね。本人の特性、その子の持ってる特徴が出ると思います」

フォームの変更は求めないが、制球力は求める。

「左で大成するのはまず制球力があること。ストライクを取れるピッチャーであることが第一条件。

ストライクを取れないピッチャーは放らすことできないですね。左のごっつい（大きい）のは右のごっついのよりインパクトがあるし、使いたいんですけど、コントロールが悪いのが多いんですよね。神経系の問題で、伝わるのが遅いのか、伝えるのが下手なのかやと思うんですけど。逆に、左で器用なのは一番使いやすいですね」

左ピッチャーというと、右打者のインコースへのクロスファイヤーが決め球として浮かぶ。もちろん投げられるに越したことはないが、原田監督はMUSTではないという。

「左ピッチャーだからクロスボールが投げれるかといったら、そうでもないです。放れないピッチャーもおるんですよ。そういうピッチャーには外の制球を磨けと言います。右バッターに対しては、内に食い込むボールより、逃げていくボールですね」

16年センバツ4強のエース・市岡奏馬、19年センバツ8強のエース・野澤秀伍らチェンジアップを武器にする投手も多いが、原田監督が有効性を感じているのがこの球だ。

「落ちるボールじゃなくて、外のまっすぐでシュート回転してぴゅっと逃げていくボール。特に高めです。バッターはそれを追いかけてしまうんですよ」

内角を狙ったのが外角に抜けてしまったのに打者が空振りするシーンをよく見るが、それは外角高めは左投手対右打者の場合の〝空振りゾーン〟だからだ。打者からすると、どうしても手が出てしまうボール。この球を効果的に使っていた投手として、原田監督の印象に残っているのが98年夏の甲子園で準優勝した京都成章のエース・古岡基紀だ。

「クロスで放るピッチャーではなかったんですけど、外のまっすぐが逃げていくんです。あれが（打者からすると）あまり見てないボールだった」

古岡は最速135キロと決してスピードは速くなかったが、この球とスライダーで奪三振を量産。毎回奪三振を二度記録するなど6試合53イニングを投げて57個の三振を奪った。

「（投球の原点といわれる）アウトローよりも、アウトハイ。左ピッチャーにはあえてそういうボールを多投させます。そこに放れる子はそこを勝負球に使います」

多少、抜け気味にシュート回転するぐらいで構わない。あえてシュートするように練習する。そのほうが打者は打ちづらいからだ。その球をマスターすると左打者への投球の幅も広がる。

「そこへ放れるということは、左バッターの内に放れるんです。外のスライダーを放らなくても、スピードの緩急さえつけたら、左バッターも打ち取ることができるんですよ」

左対左は投手有利といわれる。それに当てはまる打者はカーブやスライダーなど外に逃げていく変化球を苦手にしている。それで打ち取れる打者は問題ないが、そうでない打者の場合に内角にシュート気味に食い込むストレートは有効になる。

「僕は左バッターですけど、左ピッチャーの球道が好きだったんです。（左対左のワンポイントリリーフなどで出てくることが多い）左の横手とか大好きだった。というのは、横のラインでとらえられるんですよ。後ろの足で待ってたら、（打てる）ポイントがたくさんあるんです。僕は足が速かったので、社会人に入って足を活かすためにショートゴロを打つ練習をした。それでボールを手元まで引き寄せることができてきたんです。はかったように三遊間、レフト前に打つのが得意でした」

左対左だと内角に投げられない投手が多い。打者は外角に目付けをしており、踏み込んでくる。死球を嫌がって投げ切ることができないのだ。だが、投げにくいからといって外角一辺倒になると、現役時代の原田監督のような打撃をされたら苦しくなってしまう。実際、平安でも左投手対策としてこの打撃を練習する。

「軸足の前で打って、ピッチャーに返す。これを徹底してやったのが100回大会（18年）。追い込まれたら、足を開いて（スタンスを広げて）全部カットする。三振の数は（京都大会の）6試合で10個。これでつなぐことができた。やればできるんです」

こういう対応をされないためにも、内角を使うのだ。たとえボールになっても、内角を見せておけば打者は踏み込みづらくなり、外が遠くなる。外角への変化球が有効になるのだ。

内角球以外で有効なのは縦のカーブ。

「僕が一番嫌いな左は真上から投げてくるピッチャー。縦のカーブとかで来られたらお手上げでした」

これに近い球を投げられたのが11年夏の甲子園に出場したときのエース・太田翼。実は、太田が投手になったのは3年生の春から。これだけ浅い投手経験で平安のエースナンバーをつかんだのは太田ぐらいだ。

「外野で使ってたんですけど、いかり肩はバッターとして大成しないという持論があるのでピッチャーをやらせました。何より縦のカーブがよかった。真上から投げて、ポッと一回上に上がるカーブでした」

カーブで外せないのは準優勝投手の川口。真上から投げ下ろすタイプではないが、ブルペンではベースの上に石を置いて、そこにカーブを落として当てる練習をしていた。

「あいつは外、真ん中、内に3つカーブが放れたんです。それも、ストライクを取るのと空振りさせるのと分けて放れました。石に当てるのは、『そこは振りよるぞ』というゾーンを作ってやった。あれは結構効果あったと思います」

川口の縦のカーブは右打者にも有効で、空振りした打者が「消えた」と表現したほど。特にひざ元にコントロールされると打たれなかった。

守備や動き方など、選手に平安のやり方を徹底するのが原田監督だが、こと左ピッチャーに限っては真逆の指導法。数は多いが、投げ方も決め球も違う。指導者がつい口を出したくなるぎくしゃくしたフォームを認めて個性を消さず、その投手にしかない特長を活かす。これが、原田監督流のサウスポー育成法なのだ。

原田英彦のセオリー 34

けん制球を武器にして左ピッチャーの優位性を出す

「左ピッチャーだと一塁ランナーを正対して見れる。けん制のうまいピッチャー、クセのないピッチャーというのは、相手からすればなかなかスタートを切りにくいので攻撃の幅は狭くなる。そこが左ピッチャーの優位性だと思います」

原田監督がそう言うように、左ピッチャーは相手の機動力を封じやすいというのは、昔からよくいわれている定説だ。ところが、近年はそうではなくなってきた。走塁に力を入れているチームが左投手のときほどしかけてくるようになったからだ。右ピッチャーがけん制球を投げる場合、ターンして強い球を投げられるが、左ピッチャーは正対しているため緩い球しか投げられない。その分、走者がリードを大きく取れるため、しかけやすいのだ。

ただ、これは投手が鍛えられていないチームの話。平安にはあてはまらない。徹底してけん制の練習を積んでいるからだ。平安がけん制でピンチを脱する場面は何度も観た。特にうまかったのは高橋奎二で2013年秋の明治神宮大会・三重戦では1回表二死満塁で、14年センバツ準決勝の佐野日大戦では1回表一死一塁、6回表一死一、二塁の二度、一塁けん制で刺した。けん制を教えるのは「小学校のときからけん制がうまかった」という原田監督自身だ。

「ポイントは、軸足一本で立ったところからけん制とホームの両方に放れるようにすること。まずはバランスを崩さないでまっすぐ立って、軸足で立ったまま右足をファースト側に出したり、ホーム側に出したりする練習をします」

一塁にけん制をする場合、足を上げたときにすでに身体が一塁側に傾いてしまう投手が多い。そうではなく、まっすぐ立った状態のまま、身体の軸をキープして右足だけ一塁側に出すのだ。一塁側に傾かない場合でも、体重がセンター方向やかかと側にかかってしまいがち。バランス力はもちろん、股関節の柔軟性も要求される動作だ。簡単ではないため、何度も練習することが必要になる。

「足を上げたらけん制できない子が多いんですよ。ホームに投げるときと同じ高さまでしっかり足を上げてけん制できるようにしないとダメ。これを徹底して覚えさせます。足を上げたところで一塁ランナーが動いたら、そこからけん制できるようにするためですね。できるようになれば、自分自身に余裕ができます」

けん制時にもしっかり足を上げ、軸足に体重を乗せられるようになれば、一塁に投げる球も変わる。

「なんで球が緩いかといったら、腕が振れないから。なんで腕が振れないかといったら、手だけで先に投げにいくからなんです。投球と同じで身体が突っ込んで、腕が振れないと球は走らないし、低めにも投げられない。だから、しっかり体重を軸足と腰に乗せてから体重移動を使って投げる。これで強い球が投げれるようになります」

ここまでマスターすれば、あとはかけひき。足を上げる角度を調整して走者を惑わせることもするが、よりポイントになるのは顔だ。

「顔の動きは徹底してやらせますね。僕も足速かったんでよう研究したんですけど、顔でひっかかります。ほとんどの高校生はボーッと見てますから。左ピッチャーはランナーと目を合わせたら勝ちです。ランナーにいて、目を見られたら動けないじゃないですか。いかにランナーの目を見れるかです」

走者を見ながら足を上げたらホームへ投球、ホームを見ながら足を上げたらけん制というような一定のパターンにならないように注意しながら、いかに相手を惑わせるか、だませるか。そこにおもしろみを感じられるかが勝負になる。

サウスポーの利点を対打者だけにとどめるのはもったいない。けん制にもこだわりを持ち、時間をかけ、武器になるまで徹底して磨いていく。相手の機動力を封じてこそ、より左投手であることが活きる。「あのピッチャーだと走れない」というレベルではなく、「あのピッチャーだとリードも取れない」というレベルまで鍛える。それが、〝左の平安〟の極意なのだ。

歴代の先輩のプレーを見せて勉強させる

平安には、原田監督が認める選手が何人かいる。

まず挙がるのは、1997年夏の甲子園準優勝チームのセカンド・村岡拓。中学時代は捕手。高校入学後に内野手に転向したこともあり、当初はOBから「あいつの守備は危なっかしい」と言われていた。特に言われたのが、ダブルプレーを狙う際のセカンドベースカバー。ベースに入るのが遅く、ぎりぎりのタイミングになることが多かった。

「OBが見て、『なんであいつ遅いんや』ってみな言うんです。でも、よく見たら、ヤツは練習のときから『ここまでは出れる、ここは無理や』と（ベースカバーに間に合う）ぎりぎりのところを探してやっとった。そこがわかれば、守備範囲を広くすることができる。これによってヤツは他の選手なら届かない一、二塁間の当たりに追いつけとったんですね。選手たちには『ヤツの試合のビデオ見ろ、目の動きはどうや』と言って見せます。特に今浪（隆博、元東京ヤクルト）に言いました。あいつはトロトロトロトロトロって行くんです。スピードがなくて守備範囲が狭かった。ショートをクビにしてセカンドにしたので（笑）」

この他に挙がるのは、99年センバツ8強のときの具志賢三、井上裕貴の二遊間、2001年夏の甲子園8強のときのショート・乗田貴士。当時から20年以上たつが、具志のビデオはいまだに見せるという。

「キャッチャーがピッチャーに返球するときのカバーリングもそうですけど、すごいのが4―6―3のゲッツーのとき。最後、ファーストにボールが渡ったとき、具志がテレビの画面に映ってるんです。『ここまで本気になってカバーに来なアカンのやで』と言って勉強させます」

セカンドゴロを捕球し、ショートに送球して終わりではない。送球後、すぐさまショートの悪送球に備えてファーストの後ろへダッシュしているのだ。ボールが動いている限り、プレーは終わりではない。最後までやるべきことを怠っていないことがわかる。

同じユニフォームを着ている先輩がそこまでやっている姿を見た選手たちが、何も感じないわけがない。これこそが伝統校の強み。先輩が教科書であり、お手本になっている。

原田英彦のセオリー 36

攻守交代時は常に全力疾走する

人生は、どこにチャンスがあるかわからない。

原田監督が2年生の秋。平安は4年ぶりに近畿大会に出場した。初戦の天理戦。1対3で敗れた試合で原田監督の運命が変わる。スタンドから原田監督のことを観ていた人がいたのだ。日本新薬の西垣一監督（当時、元阪神）だった。

「第2試合に出る浪商（現大体大浪商）の牛島（和彦、元ロッテ）、香川（伸行、元南海）を観に来たらしいです。ウチが第1試合で地元の平安やからって観てたと」

西垣監督が目をつけたのは原田監督の実力ではない。姿だった。スリーアウトになると、センターの守備位置からベンチまで全力疾走。またスリーアウトになると、ベンチからセンターの守備位置まで全力疾走。これを最初から最後までくり返していた。

「高校時分から、気持ちでやるほうだったんです。相手とメンチの切り合いをするのはいつもでしたから（笑）。全力疾走は自分で始めました。三振しても切り替えてやってましたね。それを観てくれていて、『どうや、新薬に来ないか？』って声をかけてもらったんです」

実は、原田監督にはもう一社から声がかかっていた。それは大丸。小林繁（元阪神）を生んだ強豪チームだ。

「小さい頃からおふくろによう大丸に連れて行ってもうてたんです。店員がスーツ着て、ネクタイしてカッコええなと思ってた。大丸で働きたいと言ったんです。そしたら、親父の知人が『大丸は業績不振やから、2、3年で休部になる』と。それで新薬に行ったんですよね」

原田監督が社会人3年目に大丸は休部になった。原田監督は日本新薬で31歳までプレー。結果的には日本新薬を選んで大正解だった。だがそれも、あの天理戦がなければ、全力疾走していなければ、なかったこと。自ら運を引き寄せたのだ。

「自分はそうして社会人に目つけてもらいましたからね。教え子の学生には絶対そうせえって言いますよ。ずっと言ってるんですけど、言うたときしかしないヤツもいます。逆に、それをずっと貫いてやってくれたのが国学院大学でキャプテンをやった久保田（昌也）。新薬に入ったんですけど、やっぱり数社から声かかったんです。理由はそこやったんですよ。『ベンチまで突き抜けるぐらいすっごいダッシュする。あんなヤツおらん』って。絶対、（誰かが）観てくれてるんですよ」

守備につくときに全力疾走すれば、気持ちの切り替えになるだけではなく、準備の時間が長く取れる。内野手なら守備位置付近のグラウンドをならしたり、外野手なら太陽の位置や風向き、ポジショニングを確認したり……。得することしかないのだ。

評価されるからやるのではない。自分で必要と思い、大事だと思うから継続できる。走る姿も、やらされているのと自らやっているのとでは間違いなく変わる。本気でやっているから、観ている人に何かを感じさせることができるのだ。チャンスを引き寄せるのは普段からの心がけと行動。運は偶然ではやってこない。

第4章

準備と作戦

京都の学校とは練習試合をしない

「京都のチームはすべて敵。練習試合はしません」

原田監督はきっぱりとこう言う。この考えになったのは、若いときに苦い経験をしているからだ。

1993年秋に就任した原田監督が3年目に入った95年。原田イズムが浸透し、徐々に力がついてきたときだった。新チームになってすぐの夏休み。花園の清水茂監督（当時）から練習試合を申し込まれた。62歳のベテラン監督からの頼みに二つ返事で引き受けた原田監督。試合も11対0の圧勝だった。ところが、1か月後の京都大会。2回戦で花園と顔を合わせると、1対4でリベンジされてしまう。

相手投手は当時1年生の宇野雅美（元巨人）。練習試合ではめった打ちにしたが、その後の1か月でフォークをマスター。平安戦はフォークを多投する別の投手に変身していた。

「そのフォークをブリブリ振り回して負けたんです。あとから清水監督に訊いたら、『君が持って3

年目。平安は強い。倒さないとアカン思うたから申し込んだんや』と。あれはさすがやなと思いましたね。なんでも正直にやったらアカン。僕が若かったなと。あれで絶対京都同士でやったらアカンと思いました。あれからは全然やってないです」

京都の学校に少しでもスキを見せたらやられる。原田監督の想いが表れているのが、義理の息子とのやりとりだ。実は、原田監督の娘の旦那が鳥羽の野球部出身。高校時代は一塁コーチャーとして平安と対戦もしている。おまけに、現在、立命館宇治で監督を務める里井祥吾の同級生だ。敵チーム出身で、別の敵との関係も深い。そのため、原田監督はほぼ口をきかないという。

「娘とつきあってるとき、よう家の前で車の中で話してました。僕が帰ってくると、一応、車から降りて来よるんですけど、ガレージの横から家に入れたんで、そこからスッと入ってやるんですよ（笑）」

引っ越した今は娘夫婦と同じマンションに住んでいるが、あいさつ程度しかしない。

「一回、京都駅まで送ってもらったことがあるんですけど、ずっと無言だったですね。『ありがとう』だけで。結婚して7、8年たちますけど、それだけですね。立命館宇治の監督と同級生ですから、うかつに話できないですよ。そこまで警戒してますよ。そらそうですよ、向こうは鳥羽なんでね」

では逆に、原田監督から敵の情報をもらうことはしないのだろうか。

「こっちもプライドがあるんでね。そんなことは言わないですよ（笑）」

京都の中にはどこに敵がいるかわからない。平安の監督はそこまでしなければいけないのだ。

原田英彦のセオリー 38

春から夏のためのエサをまく

京都府内すべてのチームにターゲットにされる平安。それがわかっているから、原田監督は甲子園のかかっていない春は手の内を明かさない。川口知哉や服部大輔ら下級生時からのエースは、春の大会では投げさせなかった。

「絶対的なエースがいたら出さなかったです。チーム力を上げるというのがまずありましたね」

もちろん、すべて見せないのは作戦面でも同様だ。

「相手がデータを取ってますので、春はサインを出すカウントを自分で備えます。1―1からしかエンドランしないとか、1ストライク後に必ず盗塁するとか、データを取らすためにわざと固めます」

夏の大会を見れば、相手がどれだけデータを取りに来ていたか〝答え合わせ〟ができる。

「おもしろいもんで、必ず春にしかけたカウントでけん制を入れますよ。それを見て、『やっぱり、取っとんな』と」

相手がデータを持っているとわかれば、それを逆手にとってサインを出す。夏のために、春からエサをまいているのだ。

あえて情報を与えるのとは別に、大事な情報が相手に漏れないようにも気をつける。

「練習試合をするのに、相手監督のブレーンは頭に入れておきます。監督の出身校、京都のチームとのつきあいはあるか。つながりがあるようなところはあんまり組まないですね。ウチが自信のあるチームのときは別にいいですけど、ちょっと自信がない、情報を入れたくない、見せたくないというときは、そこまで調べます」

夏の大会の組み合わせが決まったあとも練習試合がある。夏の大会直前の試合は絶好の資料。相手に試合を撮影したビデオなどが回らないように配慮するのだ。注意はしすぎてもやりすぎということはない。情報操作と情報管理。周到な準備をするのが原田監督なのだ。

原田英彦のセオリー 39

計画は崩さない

夏の京都大会決勝で8勝1敗と圧倒的な強さを誇る原田監督。だが、唯一の敗戦が悔やんでも悔やみきれない負け方だった。

2017年夏の決勝・京都成章戦。原田監督は先発投手を当初予定していた3年生左腕の高井元太から、185センチの長身右腕・2年生の島田直哉に変更した。島田は3日前の準々決勝・東山戦で初登板。散発5安打に抑えて完封していた。

「あのときは、2年生におんぶに抱っこの頼りない3年生だったんです。ただ、準決勝に勝ったあと、『明日は2年を投げささん。3年生だけで勝て』というのが僕の計画やった。それを自分で崩してしまったんです。島田が準々決勝で好投してたんで、島田に色気を出してしまったんです。決勝で好投したら、もうひとつ成長できる。秋につながるなって」

ところが、決勝の島田は大誤算。2回途中、3安打3四死球でKOされてしまう。さらに、二番手で起用した2年生の小寺智也も流れを止められずに大炎上。打者14人に対し、10安打1四球を許し、3回を終わって1対12と大量リードを許してしまった。

「島田の次に3年生を出そうと思ったら、ピッチング練習をやってたのは小寺だった。『しもた、言うのが遅かった』と。仕方ないから小寺を出したら火に油。そのあと3年生がぴしっと抑えたんです」

3回途中から登板した3年生の高井は5イニングを3安打無失点。四番手の3年生・吉村大聖も8回裏を2奪三振無失点に抑えた。3年生投手の意地に応え、打線も奮起するが、反撃は届かず6対12で敗戦。原田監督になって、初めて決勝での黒星を喫した。

「あれはピッチャーを失敗しました。秋のことは絶対考えたらダメなんです。自分の計画を自分で崩して、すっごい悔いが残りました。あやまっても取り返しつかんけど、試合終わって『申し訳なかった』と3年生ピッチャーにあやまりました」

計画を崩してはいけない。原田監督はそれをわかっていたはずだった。実は、以前にも計画を変更して失敗したことがあったからだ。それは、10年夏の準決勝。相手は京都翔英だった。

平安のエースは酒居知史（現楽天）。夏の大会前の練習試合では福井商を2安打完封。甲子園出場36度の北野尚文監督（当時）に「こんなピッチャーは打てない」と言わせるほどで、仕上がりは万全だった。大会に入っても3回戦の花園、4回戦の塔南戦は1失点完投、準々決勝も東山を2失点完投と好投。準々決勝と準決勝が連投になること、5日で3完投の疲労を考慮し、酸素カプセルに入れるなど疲労回復にも努めていた。

「準決勝、決勝と酒居でよかったんです。ところが、準決勝に翔英が上がってきて、『酒居を投げさせんでも勝てるわ』と」

2年生左腕の森健を先発に起用。森は期待に応え、4回まで無失点に抑えていた。ところが、「後半は酒居で逃げ切りや」と思った矢先、森がつかまる。5回裏に崩れて一挙5失点。6回からは酒居を投入して相手の攻撃を食い止めるが、反撃及ばず、3対5で敗れた。

「酒居のときでだいぶ懲りたのに、また成章でやってしまったんです。ホントにバカやなと思いましたね。悔いが残ります。監督の失敗は来年もありますけど、選手にとったら来年はないですから。ホント申し訳ないと思います」

二度あることは三度――にならないよう、もう絶対に同じことはしないと心に決めている。

「最初の計画は崩したらいかんですよ。迷ったときは元に戻す。信念を通す」

テストでも、一度書いた答えを消して書き直したら、最初に書いた答えが正解だったというのはよくあること。人間は、最初に浮かんだ直感が一番さえているのだ。

監督がぶれるとろくなことはない。色気を出さない。欲を出さない。直感と信念を曲げないことこそ、勝利につながる。

原田英彦のセオリー 40

サードは深めに守る

明らかに深い。

パッと見ただけで他のチームとの違いがわかるほど、平安のサードは深く守る。

「やっぱり、簡単に抜かれるのが嫌なんです。だから深め。めちゃくちゃ深く守れというときもあります。ケースによっても違いますけど、ランナーがいなかったら深く守らします。深いのでスローイングは大事。スローイングのいいヤツをもっていきます」

送球の心配さえなければ、深く守ることによる心配はひとつだけ。セーフティーバントをされることだ。

「西武は中村（剛也）が守ったらめちゃくちゃ浅いんです。『なんでや』って銀（炭谷銀仁朗、元埼玉西武、現巨人）にも訊いたんですけど、『バントやられるのが嫌なんや』と。僕はパフォーマンスである程度バントやらさんようにできるって言うんです」

原田監督の言うパフォーマンスとは、工夫という意味だ。そもそも、セーフティーバントがあるかないかは打者ごとにデータを取っていればわかる。バントがある選手のときに、警戒していればいい。「『常にしゃべっとったらええやないか』と。バントがあるバッターのときにはくぎを刺す意味でキャッチャーが必ず立ち上がって、しらじらしく『バントやるぞ』と言う。ベンチにも『こいつバントやるぞ』と言うように言う。それがバッターの耳に入ったら、なかなかできないですよ。そこでサードが『よし、バントこいよ』とひとこと言うだけで防げます」

試合前ノックで捕りやすい打球を打ち、軽快にさばかせて相手に「動きのいいサードだ」と印象づけることも忘れない。やられる前にやらせないように手を打っておく。少しでもやる動きが見えれば、さらにプレッシャーをかける。チームとしてバントへの準備と確認ができているから、思い切って深く守れる。ただサードが守っているのではない。捕手やベンチの選手の力も借りて全員で守る。だからヒットゾーンを狭める守備位置に守れるのだ。

原田英彦のセオリー 41

バントは1球で決める

かつて、平安には恐ろしい決まりがあった。

フリーバッティングの1球目にバントをし、それを失敗すると打つことは許されない。そのあとはずっとバントしかできないのだ。それも、失敗した選手だけではない。全員だ。

「そらそうですよ（笑）。それぐらいバントってプレッシャーかかるじゃないですか。2ストライク目、3ストライク目でやってもナイスバントじゃないんですよ。絶対1球で決められるもんです」

ここまでするのは原田監督自身の経験が大きい。

「高校1年の秋は二番だったんですけど、最初の公式戦で一発目のバントを失敗したんですよ。えらい監督に怒られて。学校へ帰ってきて、5メートルの距離のところからどんどんボール放られて、それを『全部バントせえ』と言われたんです。手に当たる、顔に当たる……。何球やっても終わらない。

ずーっとさせられたんですよ。あれでバントは絶対一発で決めるもんやと。重要性がすごくわかりました」

２００２年のセンバツ前の沖縄合宿では、練習試合でバント失敗が出て原田監督が激怒。２試合終了後に球場を借りてバント練習をさせた。いくら練習しても決まらず、最後は１００本ダッシュ。夜の９時半に球場の照明は落とされたが、それでも走らせた。

「帰ったら宿の風呂が終わってて、みな風呂も入れず、洗濯も夜中2時までかかった。ええ思い出です（笑）」

近年の高校野球は打力が向上し、バントが軽視される傾向にある。無死一塁から判で押したように送りバントをするチームも減った。だが、原田監督は送る場面はしっかり送る。その証拠に、夏の甲子園に出場した年の京都大会の送りバントの数を見ると（表8）、全大会で1試合平均2個以上を記録。１００回大会の18年が1試合平均最多の4個だった。

そんな原田監督が誇れる記録がある。01年夏の甲子園・金沢戦で乗田貴士がマークした1試合4犠打の大会タイ記録だ。

「うれしいですよ。ヤツは小さかった（１６０センチ、52キロ）んで打てる子じゃなかったんですけど、エンドランとかバントとか自分で考え

表８　夏の京都大会の犠打数

大会回数	年	試合数	犠打	1試合平均
79	1997	6	14	2.33
83	2001	6	21	3.50
85	2003	7	22	3.14
91	2009	6	19	3.17
93	2011	6	20	3.33
94	2012	7	14	2.00
96	2014	6	12	2.00
100	2018	6	24	4.00

1大会平均 18.25　1試合平均 2.92

てやってた。バントはこだわって練習して、一塁側も三塁側も両方できるようになったんです」

金沢戦はその技術を見せた。相手エースの左腕・中林祐介（元阪神）は投げたあとに三塁側に倒れる投球フォーム。事前の研究でバント処理の際に一塁側にスタートを切るのが遅れるのを見抜き、すべて一塁側に転がしたのだ。内角球も外角球もどちらも一塁側にバントする練習をくり返した結果だった。

時代が変わり、原田監督もバント失敗による連帯責任はやめた。練習するなら個人でやるように変わっている。だが、バントに対する想い、バントを大切にする考え方は変わらない。プレッシャーがかかる場面でこそ、一発でバントを決める。それを目指すのが平安の野球なのだ。

第1試合は朝4時起きで調整する

朝に強い。それも、早ければ早いほど。

平安の甲子園での試合順別の成績を見ると、第1試合での強さが際立つ。1日3試合で9時開始の春は5勝1敗。1日4試合で8時開始（1995年から2010年までは8時半開始）の夏は6勝0敗（**表9**）。春夏合計11勝1敗で勝率は・917を誇る。甲子園全試合の勝率・638（30勝17敗1分）を2割以上も上回っている。なぜ、第1試合に強いのか。

「抽選で試合順が決まったら次の日から朝一番に合わしますから。必ず翌朝から4時起きにします。絶対せないかんと思います」

第1試合になっても当日の朝だけ早起きするチームもあるが、原田監督は以前からこのやり方だ。

「100回大会のとき、近江と同じ宿舎だったんです。夜11時に風呂に入ったら、翌日第1試合に出場する近江の四番の子が入っとった。『お前、明日大丈夫か？』と訊いたら、『大丈夫っす』。こんなんでええの、と思ったらそいつは4安打しよった（笑）。僕は第1試合の時間に合わせて練習しますね。第4試合なら遅めに練習します」

甲子園期間中、多くの学校は2時間の割り当て練習になるが、平安は京都まで戻って平安ボールパークで練習する。第1試合に合わせるときは朝4時起き。4時15分から散歩、体操。終了後に朝食。食後45分から1時間後に出発するのがパターンだ。これを試合前日まで続けて体内時計を調整し、早朝から動けるように身体を慣らしていく。

「暗い中で散歩してます。朝は食事してすぐバスに乗るのは嫌。1時間ぐらいたたないと出発するのは嫌なので、その分、起床が早いんです」

京都のグラウンドに行くのと同じ時間で動けば、甲子園に行くには早すぎるぐらいだ。だが、あえて同じ時間に出る。

「甲子園に行くときは、（宿舎からバスで）高速を走ってると『ちょっと明るくなってきたな』という雰囲気。100回大会のときは5時40分に着きました。夏は高速が混んでて、一回遅れたことあるんです。試合前取材に間に合わなくて、（取材を先にやる）一塁側だったけど三塁側を先にしてもらった。『そんな言い訳や。早よ出たらええやないけ』

表9　甲子園試合順別成績

	春	夏	合計	勝率
第1試合	5勝1敗	6勝0敗	11勝1敗	.917
第2試合	5勝5敗	2勝1敗	7勝6敗	.538
第3試合	4勝1敗1分	2勝3敗	6勝4敗1分	.600
第4試合	2勝0敗	1勝2敗	3勝2敗	.600
準決勝第1	0勝2敗	1勝0敗	1勝2敗	.333
準決勝第2	1勝0敗		1勝0敗	1.000
決勝	1勝0敗	0勝1敗	1勝1敗	.500
開幕試合		0勝1敗	0勝1敗	.000
合計	18勝9敗1分	12勝8敗	30勝17敗1分	.638

＊準決勝第1には11時開始の準々決勝第1を含む

と怒られました。『なんぼ早く着くのは結構。遅れたらアカン』って。それから絶対早めに出ます」

準備という点以外にも早朝に練習する利点はある。それは、生活に余裕が生まれることだ。朝早く出る分、帰ってくるのも早い。そのため、宿舎に戻ってからも使える時間がたっぷりある。

「合宿してても時間に制限されるんです。練習終わって、夕方5時から6時に帰ってくると、すぐに道具置いて夕食。食べたらすぐ洗濯。それからバットスイングをして、終わったら洗濯物を取りに行って干す。そのあとに風呂に入ったらすぐに11時ぐらいになるんですよ。もう消灯というかたちになりますよね。朝は6時には起きますから、結構ハードなんです。それに比べれば、朝4時起きでやれば生活しやすい。午前中に練習して、2時半ぐらいに宿舎に帰ればすぐに洗濯できる。スパイクやグローブを磨いたりできるんです」

試合当日も同様。朝は早いが、帰ってきてからゆったり過ごすことができる。

「試合後、宿舎で昼食をとれますから。そこから試合をふりかえったり、次に当たるチームのゲームを観たり、次の試合のミーティングができますよね。第1試合のほうがやりやすいですね」

第2試合以降の試合開始は前の試合の進行状況によって前後するが、第1試合は必ず定刻に始まるメリットもある。試合当日までの日々の準備と一定した生活リズム。これが、平安が第1試合に強い理由なのだ。

原田英彦のセオリー 43

一歩目からトップスピードに入れる選手を一番に置く

一番が活躍するときの平安は強い。

準優勝した1997年夏の奥井正憲は26打数14安打で打率・538の大当たり。初回の第一打席で6打数4安打とチームに勢いをつけ、決勝を除く5試合で複数安打を放った。優勝した2014年センバツの徳本健太朗も準決勝の佐野日大戦で田嶋大樹（現オリックス）から本塁打を放つなど、22打数8安打で打率・364を記録。5試合で4つの盗塁も決めた。

「打順は一番から決めます。自分が現役時代に一番を打ってたこともあるんですけど、一番の重要性がわかる。よくも悪くも、自分のチームにも相手チームにも非常に影響を与えますから、こだわるところですね。トップに期待するのは切り込み隊長の役割。足がある、粘れて三振が少ないいいバッターを置きたいですね」

一番打者に求めるのは全力疾走。それも、一歩目からの全力だ。

「一歩目からトップスピードに入れるように練習させます。（打ったあとに）みなゴロを見ながら走るので、『絶対打球見るな』と徹底して厳しく言います。これは、僕が社会人のときに言われたんですよ。打球を見ずに一歩目からトップスピードに入る習慣がついたら、転がしてセカンドゴロでもセーフになってたんです。相手が『えーっ』ってびっくりするぐらいのスピードで駆け抜けられたんです。だから、その習慣がつくまで怒ります。無意識にそうなるまでやるようにしますね」

一番に適材がいない場合は、無理やりでもつくるのが原田流。

「まず足のある子を選んで、その子をどうやって出塁さすか。打者の右左関係なく、追い込まれたらショートゴロを打つ練習をさしますね」

二番はつなぎ役。夏に打順別ダントツ1位の18犠打（表10）を記録しているが、それよりも平安らしさが表れているのが、出塁率の高さ。夏は打順別トップの・389。春も四、六番に次いで3位の・348を記録している。・219の打率より約1割3分も高いのは、四死球が多い証拠。打てなくても、次につなぐ意識が表れている。

「一番がスチールするまで待てる子。（盗塁後に）追い込まれてもバントか進塁打でしっかりサードに送れる子。そういう器用な子というか、周りが見える子を置きたい。つなぎとして安心ですよね」

平安の二番としては異色の存在だったのがセンバツ優勝したときの大谷司。小柄な打者が並ぶ例年

表10 甲子園での打順別打撃成績

春

打順	打数	安打	打点	三振	四死球	犠打	本塁打	盗塁	打率	出塁率
①	117	27	11	10	7	9	1	9	.231	.274
②	96	21	5	21	19	8	0	8	.219	.348
③	106	27	11	17	15	6	0	6	.255	.344
④	101	25	16	25	24	0	3	8	.248	.389
⑤	96	25	11	24	12	12	1	6	.260	.339
⑥	97	30	19	16	10	10	1	5	.309	.370
⑦	101	27	13	13	8	4	0	6	.267	.321
⑧	90	21	10	17	13	2	0	1	.233	.324
⑨	80	18	1	14	8	5	1	4	.225	.295

夏

打順	打数	安打	打点	三振	四死球	犠打	本塁打	盗塁	打率	出塁率
①	86	27	10	18	8	0	2	6	.314	.372
②	63	19	11	9	9	18	0	3	.302	.389
③	76	15	8	16	8	2	0	2	.197	.267
④	79	25	7	15	7	0	1	1	.316	.372
⑤	69	19	5	13	11	4	0	1	.275	.375
⑥	65	16	8	10	9	10	0	4	.246	.338
⑦	66	16	8	16	7	6	0	2	.242	.315
⑧	63	17	11	11	5	6	0	1	.270	.319
⑨	49	6	3	12	7	7	0	2	.122	.232

とは違い、188センチ、80キロと大柄な体躯だった。

「ごっついですけど、転がすこともできたし、結構器用でした。あの子の場合は、長打が打てる。二番が長打打てるというのは理想でおもしろいと思います」

大谷は5試合で6三振とやや粗かったが、初戦の大島戦で二塁打2本と三塁打を放つなど、この大会4本の長打を記録した。

クリーンアップで原田監督らしさが出ているのが四番。精神的な部分を重視している。

「四番は勝負強くて打たれ強い子。打たれ強いというのは、一回ぐらい凡打しても平気ということ。次にランナーがおったら打ちよる、そんな子がいいですね。凡打して引きずる子は一番困ります。へこたれない、ここってところで一本打つ子を四番に置きたい。三番はオールマイティになんでもできる子。送りバントもできる。セーフティーバントもできる。広角にどこへも打てる。進塁打も打てる。すべて持ってる子を置く場合が多いです。五番は三番、四番の次という感覚。四番が倒れたときに返してくれればいい」

五番よりも期待するのは六番だ。センバツでは打順別唯一の打率3割を記録。打順別トップの打点を挙げている。優勝時の六番・常仁志は打率・389。5試合で7打点をマークした。

「六番は重要視してますね。六番、七番は出塁してくれる子。下位のトップという要素を含んでいるので、大事やと思います。まぁ、六番以降はフォアボールでも出てくれたらラッキー、目つぶってるってときもありますけど（笑）」

八番、九番には期待していないことが多い。

「一番にいいバッターがおれば、ピッチャーを九番に置きます。『もう、ここで切れてもいいわ』という感覚で目つぶります。ただ、打てるピッチャーのときは八番に置きます。六番、七番がつないで出たときに八番が打つというイメージです。一番打てない子は九番に置きます。つなぎの役割で九番が大事という人もたくさんおられますけど、僕はそうじゃない。攻撃は、トップからチャンスをつくるという感覚でとらえてますね」

一番打者こそチームの顔。チームに勢いを与える攻撃の起点。原田監督が重視し、育成に力を入れるからこそチームに与える影響も大きい。トップバッターの出来が平安の攻撃のカギを握っている。

原田英彦のセオリー 44

打てる捕手でも打撃重視にしない

打率・172、28試合でわずか2打点。

これが、センバツでの二塁手の打撃成績だ（P152表11）。名門校のレギュラーとしてはかなり寂しい数字だが、これは原田監督が守備を重視した起用をしているからだ。

「セカンド、ショートは守りを重視しますから、完璧に守ってくれる子は打てなくても使います」

二遊間については割り切っているが、原田監督が頭を痛めているのが捕手と打撃の関係だ。

「すごく悩むのがキャッチャーの打順なんですよ。いつも考えますね。キャッチャーというのは守り重視になりますし、考えることが他より多いですよね。キャッチャーでバッティングを重視してしまうと守れないいんですよ」

平安の捕手で甲子園で四番を打ったのは1999年センバツの岡崎大輔と2009年夏の橋本貴弘

表11　甲子園での守備別打撃成績

春

守備位置	打数	安打	打点	三振	四死球	犠打	本塁打	盗塁	打率	出塁率
投	88	26	5	14	8	3	1	3	.295	.354
捕	103	25	13	26	9	6	0	1	.243	.298
一	88	26	19	22	21	8	2	7	.295	.423
二	93	16	2	17	17	9	0	8	.172	.297
三	103	23	15	14	12	7	1	4	.223	.304
遊	102	29	15	18	7	7	0	9	.284	.330
左	97	19	5	20	21	6	1	9	.196	.336
中	112	26	10	6	8	7	2	8	.232	.283
右	98	31	13	20	13	3	0	4	.316	.396

夏

守備位置	打数	安打	打点	三振	四死球	犠打	本塁打	盗塁	打率	出塁率
投	59	12	8	15	4	7	0	1	.203	.254
捕	68	16	9	14	3	10	0	1	.235	.264
一	68	16	8	11	9	4	0	2	.235	.325
二	64	16	7	12	9	11	0	3	.250	.342
三	67	16	5	14	13	5	0	2	.239	.363
遊	67	16	4	11	12	7	0	2	.239	.354
左	76	26	16	11	6	4	0	4	.342	.381
中	73	21	8	14	6	2	2	3	.288	.342
右	74	21	6	18	9	3	1	4	.284	.361

の2人だけ。髙橋大樹（現広島）は2年夏の京都大会準々決勝まで捕手として試合に出ていたが、「髙橋がキャッチャーだと相手にスキを突かれるのがわかっていた」と準決勝以降と甲子園はライトで出場している。

「髙橋はキャッチャーをやらしてたんですけど、打つのが大好きで、試合中も後ろ（ベンチ裏）でバット振ってるんです。打たれてるのに全然スコアブックも見ないので、『何バット振っとんじゃボケ。こっち来て座れ、スコア見ろ！』って何回も怒りました。それでもうキャッチャーは無理やと野手にしたんです」

甲子園不出場組では高校通算48本塁打の炭谷銀仁朗と54本塁打の平野和樹がいる。炭谷は守備の意識が高く、捕手として高校生ドラフトで1位指名される選手になったが、平野は打撃に重点を置いていた。

「キャッチャーは守りにこだわる子を据えたい。重要なところに打順を置けば、やっぱり守りがおろそかになると思うので、打つ子でも負担がかからないように七番、八番に置きます」

打撃を評価されてレギュラーを取り、夏の甲子園では五番を打った高橋佑八もセンバツ優勝時は八番だった。守りからチームをつくる〝守備の平安〟だけに、捕手が扇の要としてどっしりしていないとチームが締まらない。打てる捕手でも打撃には期待しすぎず、守備に興味のない捕手は野手にコンバートする。それが原田監督のやり方なのだ。

原田英彦のセオリー 45

試合前にバッティング練習はしない

「自分自身が現役のとき、すっごい嫌だったんです」

原田監督がそう言うのが、試合当日の朝の打撃練習。

「精神的にもたないいんですよ。僕は集中力あるほうなんですけどね。早よ起きてバッティングして、それからグラウンドに入って休憩になるじゃないですか。自分の気持ちの持っていき方がすっごい難しかった。しんどいだけだったんですよ。これはよくないって思ったので、監督になってからまったくやってないです」

場合によっては、朝4時からでも打撃練習をする智弁和歌山・高嶋仁元監督（智弁和歌山・高嶋仁のセオリー24参照）とは対照的だ。原田監督自身も京都で秋の近畿大会が行われたときに智弁和歌山が早朝に打ち込むのを目の当たりにしたことがある。

「『バッティングするとこないから亀岡のグラウンド貸してくれ』って、わざわざ亀岡に宿取って朝6時から打つんですよ。アップも何もせんと、適当に身体動かしていきなりティー打つんです。すごいなと。ガス（霧）が発生して全然見えなかったんですけど、ガンガン打ってましたね」

驚き、感心もしたが、同じようにやろうとは思わなかった。

「早く起きるとバスの中で寝たりするでしょう。試合まで時間もあるし、僕は意味なかった」

試合直前までアルプススタンド下の室内練習場が使える甲子園では個人に任せるが、チームとして打つことはない。周りがどうあろうと関係ないのだ。打ってから試合に臨むことよりも、集中して試合に入ることが大事。あくまでも自分自身の経験や感覚、価値観によって判断する。それが原田監督なのだ。

原田英彦のセオリー 46

相手ブルペンをチェックする

プレイボールがかかる前から試合は始まっている。

現役時代、長く一番打者を務めた原田監督にはその意識がしみついている。それが、試合前の準備と確認。原田監督が特にチェックするのは相手のブルペンだ。

「社会人のときは初回の出塁率がめっちゃ高かったんですよ。切り込み隊長ですね。そのためには、ブルペンをずっと見ないかんと思ってました。（球場によっては）見えないとこもありますけど、そのときはグラウンドをランニングしながら外野まで行ってブルペンをのぞいてましたね。塁に出て、初球から走れるようにセットのときどうするかとかもずっと観てました。そういう習慣がついてるんです。ウチの一番にも絶対言いますね」

アマチュア野球の場合、初見の投手が多いが、重視すべきポイントは球種や球筋だけではない。

「精神的なものを重視しますね。球場に入ってくるときにどう入ってくるかとか、ベンチでの態度とか。ブルペンでは、どれだけ気合入れて放ってるか。高校野球の場合、二番手や三番手の試合に出ないキャッチャーが受けてるときと、試合に出るキャッチャーが受けてるときで、差があることがあるんです。控えのキャッチャーのときは息が合わずに放りにくそうにしてるのが、正キャッチャーにかわってどう息を合わせるか。（捕手がかわる）前と後で同じピッチングをしてるのか。キャッチャーがかわると違うピッチングしてるのか。見てみるとおもしろいですよ」

先発する捕手が始めはシートノックに入り、途中からブルペンに来るチームと、シートノックには入らず最初からブルペンにいるチームがあるが、そこにも監督の考えが表れている。

「ウチは内野ノックが終わるまではノックに入って、外野ノックになったときにブルペンに行かします。というのは、ノックのときボール回しがありますよね。第1球はキャッチャーが絶対放らなアカンのです。それを二番手や三番手がやると締まらない。正キャッチャーには『お前の一投目が一番大事や』って言うんですよ。バシッといったら、サードも気合が入る。みんなも気合が入るからって」

話を投手に戻すと、原田監督が観るのは投げ方だ。

「試合ではふりかぶるのにセットを多く投げてるピッチャーはセットに自信がない。おそらくランナーが出たら自信がないんやと。そんなことも感じなさいと言ってます」

予測が当たるか、当たらないかではない。観て、何かを感じ、予測することが大事。この積み重ねが正解率を上げることにつながっていく。毎試合やることで感性を磨いていくのだ。

2013年のセンバツ・早稲田実との試合では、原田監督はこんなことを言っていた。

「落ち着かないそぶりできょろきょろしていて、初回から攻めどころだと思った」

相手先発・二山陽平のブルペンの様子から、集中していないことが想像できた。案の定、初回一死から牧野勇斗がレフトへ二塁打。河合泰聖がタイムリーを放って1点を奪っている。

2014年のセンバツ・八戸学院光星との試合では四番の河合がこう言っている。

「キャッチボールからきょろきょろしてたので、集中できてないのかなと思った」

先発は初戦で登板のなかった佐藤駿だったが、初登板の緊張を感じた。二死から連続四球でチャンスをつくり、そこから4連打。重盗も絡めて一気に5点を奪った。

試合前のブルペンというのは、当日以外も含まれる。原田監督が初めて甲子園に出場した1997年のセンバツではこんなことがあった。初戦の相手は星稜。甲子園練習のビデオを観た原田監督は、ブルペンにいた投手の様子が気になった。

投げていたのは背番号3の左腕・今井智之。だが、投球練習にまったく集中していない。シート打撃をするグラウンドのほうばかり見ていた。

「その子が放るかもわからんという情報が入ってたんですけど、ピッチングがおろそかやったんです。全然集中してない。それを観て、『こいつは、野手のほうがええんや』と。その映像をみんなに見せて『このピッチャー見てみ。全然投げへん。もらいやで』と。案の定、その左が先発だったんで、『あいつや。よっしゃ、もらいや』と。初回から絶対いけると思いましたね」

予想通り、今井は立ち上がりから安定せず、一番の奥井正憲に四球、二番の村岡拓には死球で一、二塁。一死後、四番・川口知哉のときにダブルスチールをしかけて揺さぶった（成功）。川口四球で満塁となったあと、奥原耕三がレフト前にタイムリーを放って先制。わずか18球であっさりとマウンドから引きずり下ろした。スキや情報はあらゆるところに落ちている。それに気づくも気づかないも、活かすも活かさないも自分次第。ちょっとした言動から攻略のヒントが得られるよう、原田監督は目を光らせている。

内野手全員で相手監督のサインを見る

守っていても相手にプレッシャーをかける。

といってもこれは、派手なサインプレーをするのでも、技術の高さを見せつけるのでもない。〝目〟で圧をかけるのだ。平安では、相手ベンチの監督がサインを出す際、内野手全員でその動きを見る。

「これをやられると、僕自身が嫌ですよね。特に一塁側（のベンチ）のときにファーストにずっと見られると。そういう選手がおると、『ええチームやな』と思います。キャッチャーは見るのが当たり前ですけど、全然見ないヤツもいます。キャッチャーが見ないチームは最低やと思いますね」

そんなところにも指導者のレベルやチームとしてのスキが表れるのだ。

「ウチの内野には『(相手監督を) 注視せえ。ずっと見ろ。そこでなんでもええからしゃべれ』と言ってます。サインを見ながらしゃべれるヤツがいると、すごいプレッシャーになりますよね」

しゃべる内容はなんでもいい。

「ランナー逃げるぞ（※走るの意味）」

「今、取り消しになったぞ」

「またサイン出たぞ。ちょっと動き変えてやれ」

アウトカウント、ボールカウント、点差やイニング、打者のタイプや走者の走力などから、ありそうな作戦を声に出す。あくまでも予測なので、正解しなくても構わない。大事なのは相手に「見られている」と思わせること。それにより、サインを出すのを躊躇したり、リードが小さくなったり、スタートが遅れたりすれば、それだけで十分役目を果たしているといえるからだ。

「相手のサインを見てから、バッターとランナーを両方見る。目を動かすルーティンをできるようにせえと。もっさいランナーやったらサインが出て、（ヘルメットのツバを触るなど）アンサー出したりとかしますよね。それでわかるよって言うんです。スクイズで一番見るべきなのはランナーコーチなんですよ。ランコーもサイン見るじゃないですか。サインが出たときに、ランナーと目合わすんです。これは、エンドランとかスクイズが出たときの決まりごとですよ。やっぱり、不安なんでしょうね。『こいつ、今見とったかな』って。そういうときはあるなって思いますね」

人間がやることだからこそ、共通した動きが見つかる。観察を習慣にしていけば、気づきの引き出しが増えていく。見破れることも多くなる。

「昔はみな野球好きで、野球の勉強をしました。寝ても覚めても野球やってましたけど、今の時代はそうじゃない。だから今は、そういうことがサッとできる子が少ないですね」

野球は間のあるスポーツ。投手が投げるまでの数十秒の間に、どれだけ気づくことができるか。気づきの能力が上がることは、技術が上がる以上にチーム力の向上につながる。目と声、観察力と雰囲気でいかに相手にプレッシャーをかけることができるか。それができるチームが、強いチームなのだ。

原田英彦のセオリー **48**

スクイズは高めに大きく外す

「しめた」が「しもた」に変わった。

2003年センバツ準々決勝の横浜戦。0対0で迎えた3回表一死三塁の場面で、カウント2―2から二番の玉城秀一にスクイズを決められたときのこと。「しめた」と思ったのは、スクイズを見破っていたからだ。

「その年の横浜は打力がなかったんです。スクイズするのはわかってました。そのときは、小倉（清一郎、当時の部長）さんの動きでわかった。小倉さんが三塁ランナーに合図して、ランナーがアンサーしたんです。それで、『外せ』のサインを出しました」

捕手の原康彰が右に大きく動き、外角のボールゾーンに構える。エースの服部大輔は要求通り、原の構える位置にストレートを投げ込んだ。ところが、バットに当たったボールはフェアゾーンへ転がった。

「横浜はダミーの動きをするかもわからんから、キャッチャーにはずっとランナーを見とくように言ってました。ランナーがスタートを切ると同時に外したんです。横に外したのを飛びついてやられた。渡辺（元智、当時の監督）さんに訊いたら、『外されてバントする練習してた』って言ってました。ショックやったです。あれは教訓になりました。スクイズは高めに外さなアカンなと」

このときの原は外に大きく外してはいるものの、ひざをついて構えている。投球は座っている原の顔の高さ。打者にとって、当てやすい高さだった。それ以来、平安ではピッチドアウトの練習をしている。

「ウチは内野ノック中にバッテリーで外す練習をさせます。急にはできない。絶対練習しとかなダメですね。ランナーが走ったのを見てから外す練習もさせますよ」

横ではなく、捕手が立ち上がって高めに外す。外すなら、絶対に当てられない場所に投げる。同じ失敗はくり返さない。大舞台での苦い経験が成長の材料になっている。

原田英彦のセオリー 49

ベンチの選手に係を与える

仕事のない選手はいない。

一人ひとりに何かの役割がある。声を出すのにも意味がある。それが、平安のベンチだ。

「ベンチに入れるのは、やっぱり役に立つ子。チームのプラスになる子ですね。ベンチワークの中でも、前の打席で打っている球種やコースを伝える係、データがあるときは打球の傾向を見て内野の守備位置、外野の守備位置を確認する係、相手の一塁ランナーに対してプレッシャーをかける係、バッターに対してプレッシャーをかける係もいます。何も係のない子はいないです」

平安の係は細かい。例えば、捕手はベンチに3人入るが、レギュラー以外の2人はブルペン担当と情報を伝える係に分かれる。

「キャッチャーは絶対3人いります。ブルペンに2人出さないといけないことがありますからね」

原田監督が重視しているのはブルペン担当。継投を予定している試合では、試合前に投手起用のプランを伝え、二番手以降の投手が肩をつくるタイミングなどを任せている。

「ブルペン担当は大事。ほぼ1ポジション与えます。常々、あらゆることを想定しないといけないですから、練習試合からきつく怒りますよ。『なんでここで用意してないん？　お前のプランはどうなんや？　そんなプランダメや。そこまで考えてなかったら話にならんやろ』とか言いながら。『先発が5回ぐらいまでいったら、後半はこいつ』とプランは伝えてますから、ブルペンにはこっちから行けと言われる前にお前の意思で行かせろと。そういう責任を与えますね」

ブルペン担当は準備している投手の調子を監督に伝える役目もあるが、これが難しい。

「今の子って、全部いいんですよ。『スライダーはコースに決まってます。まっすぐは勢いあるボール来てます。フォークは勝負球に使えます』って。マウンドに上がってみたら、『全然違うやないか』ってことがよくある。（投手に対しての）義理で言うんです。そういうことにならんよう、バッテリーは常にコミュニケーションを取らせないかんですね」

情報を伝える係の捕手はベンチにいて、スコアブックを見ながら自分でメモを取り、打者が打席に入るごとに前の打席は何球目にどんなコースのどんな球種を打ったかを、試合に出ている捕手に伝える。ただ、同時に2人の投手が用意する場合はブルペンに受けに行くため、控えの投手で同じ役割ができる選手をつくっておく。

「ベンチワークの中での連係ですね。『オレはブルペン行くからこっち頼む』と。それができんかったら、ものすごく怒ります。だからウチは試合前に集合して、今日は誰が何をするってベンチワークの確認を必ずしてます。非常に大事だと思いますね」

また、投手の〝お世話係〟をつくっているのも平安ならではだ。お世話係はベンチに戻ってくる投手に飲みものやタオル、道具を持って行く他にコンディショニングも担当する。

「3回、5回、7回にはピッチャーの状態を聞いてコンディショニングをします。（関節、可動域などが）詰まってきた場合は、詰まりを取るためのコンディショニングをベンチ裏でします。マッサージというより、柔軟。可動域を広げたりとかですね。この係はピッチャーのコンディショニング用のマットを持ってます」

もちろん、ただそのイニングになったからやればいいというものではない。投手の状態や性格、好みによって変わってくる。

「ピッチャーによっては、それを嫌うヤツもいるんですよ。ピッチャーのほうから『やって』と言う子もいますし、『やらんでええわ』と言う子もいます。（やる必要があるのに）それを怠ったら僕は怒りますけどね。アンダーシャツにしても、替えるのを嫌うヤツも、替えなアカンヤツもいる。だから、係のヤツはそれぞれのピッチャーに対してどうすればいいか把握しとかないといけないんです」

この役割は、控え投手の中でも試合に投げない投手が担当する。お世話係は常にベンチにいる必要があるため、ブルペンに行くなどして不在になると困るからだ。

もちろん、この他にも代打、代走、守備固めなど試合に出る準備も必要になってくる。伝令担当もいる。ひとことでベンチワークというが、やるべきことはたくさんある。ボーッとしている選手は一人もいない。意味のない声を出す選手もいない。試合に出る、出ないは関係ない。ベンチに入っている選手すべてが戦力。それが原田監督の求めるチームなのだ。

原田英彦のセオリー 50

声の出ない選手は使わない

ベンチ入りの条件として、原田監督がはっきり言うことがある。

それは、声が出ることだ。

「ウチで背番号もらえない子っていうのは、すべて声の出ない子です。おとなしい子です。絶対ダメです」

なぜ、声を出すことが必要なのか。

「声って自己主張だと思うんですよ。自分をアピールしたり、自分の意思を伝えたりするのに必要ですよね。大きな声を出して損になることは絶対ない。甲子園球場で4万、5万というお客さんが入った中でプレーするときにも、声を届かせないといけないですからね」

もうひとつは、試合は勝負だから。言葉を変えれば、殴り合いだからだ。

「いつも言うのは、『もし、ケンカしたらどうなる？』ってこと。『必死でこいつ倒したろうと思わへんか？　必死で防御しようと思わへんか？　そうなったら大きい声出ないか？　小さい声出してケンカできるか？　それって本能やろ？』と。勝負というのはケンカといっしょ。負けそうになったら、必死になったら、大きい声が出る。そういう本能がなかったら戦うことはできない。だから、声の出ないヤツはいらないんです。みんなが必死になってるときにベンチで声出ないヤツなんてありえないですから。だから、そういう子には、『お前はこれから上では絶対野球できないよ』ってはっきり言います」

性格がどうこうではない。戦いに挑む以上、おとなしいのはマイナスなのだ。

「おとなしい子って、3年間で変わらないですね。声が出ない子が出るようになることはない。無理です」

ということは、声が出ない、おとなしい選手は平安に入学するべきではないといえる。

「そう言います。『オレの考えわかってるやろ？　なんで来たんや？　お前みたいなおとなしいヤツが』って。『鍛えてもらおうと思って……』って言うんですけど、鍛えてもダメですね」

もちろん、大きな声が出るだけでは不十分。どんな声を出せるかも大事だ。その点が原田監督は物足りない。昔に比べて、遠慮する選手が多いからだ。

「僕は現役のとき、相手に『うるさい』『もうヤジらんといてください』と言われました。声でプレッシャーかけれるんですよ。今の子は『オレの言うた通りに言え』って言っても、よう言わないですね。バッターを惑わすために、ピッチャーが投げる前に『曲げたれ』って言うんですけど、『変化球来るよ』とか言う。『内いけ』も『インコースいけ』って。違うよ、そのまま言えって言うんですけど。（相手がどう言われたら嫌かを）パッと察知して言える子は必要ですよ」

声ひとつで迷わせることも、だますこともできる。当然のことながら、味方を鼓舞し、勇気や元気を与えることもできる。ベンチからの声は立派な戦力。だからこそ、原田監督は声の出る選手を求めるのだ。

原田英彦のセオリー 51

相手分析に3時間かける

分析を念入りにやる。今では珍しくなくなったが、原田監督は就任2年目から偵察部隊を派遣してビデオを撮り、データを取っている。

「京都の中ではウチが一番早かったと思います。分析用の用紙を作ってやらせとったのを、よそのチームがみな見に来て、マネましたね」

対右投手、左投手別に分け、打者ごとに打った球のコース、球種、打球方向などを書き込む。この他にも、エンドランのサインを何球目に出したか、盗塁は何球目にどのカウントで走ったか、バントは初球で決めたかどうかなどを細かく記録する。

「今は機械でパッと出るやつがあるみたいですけど、あんまり好きじゃないですね。ヤツらに勉強さすって意味で、時間かけてもやらせますね」

大会では、次の対戦相手を分析するミーティングを3時間かけてやるが、このとき原田監督は同席しない。ベンチ入りメンバーに分析係、偵察隊を加え、選手たちだけで行う。

「ビデオを観ながら、一番から順にやっていきます。『こいつは追い込んだら外のスライダーを絶対振りよる』とか『インコースに強い』とか全部自分たちでさせます。僕は違う部屋で観て、照らし合わせて違ったら足します。だいたい合いますけどね。僕がそこにおって、『こうやで。ああやで』と言ったら、選手は聞くだけ、やらされるだけじゃないですか。自分らが真剣に観て、真剣に考えるという意味であえてヤツらにやらせるんです」

2日連続で試合があるときも、妥協せず、それぞれ前日に3時間かけてやる。それだけ重視している証拠だ。傾向が見えたら作戦面も含めて原田監督が話をするが、あまり細かいことは言い過ぎないように注意している。

「社会人なら1年間のデータが出てくるんですけど、高校野球は春しか対戦してないピッチャーとかいるじゃないですか。あと、違うチームと対戦したデータが正しいかといったら（対戦相手の力量にもよるため）正しくないんですよ。だいたいの傾向だけ言います。まっすぐ中心なのか、カウント球はなんなのか、勝負球はどうなのか。その上で、『カウント球のストレートをしっかり待とう』とか『この球をこういうスタンスで待って、どの方向へ打とう』とかですね。バッターはだいたい穴やスイングの軌道はわかりますから、こうやって追い込んで、最後はこの球で勝負しようとかは言いますね」

力を入れているのは投手のクセの研究。クイックタイムや捕手の肩、送球タイム、性格などから盗塁できるかどうかを見極める。

「ランナーが出たらピッチャーをアップにして撮ります。ランナーが二塁にいったらワイドで撮って二遊間がどんな動きをするかを観る。セカンドが（ベースに）寄っていって、ショートが離れたらけん制とか、パターンを観ますね。日にちがあったら、次の日から練習でシミュレーションをやります」

２０１８年夏の鳥取城北戦では４盗塁を決めたが、このうちの３つは二塁への盗塁。相手エース・難波海斗のクイックタイムが１・３秒～１・４秒台と遅いとわかっており、確信を持ってスタートを切った。03年夏の東北戦も４盗塁を決めたが、これも相手エース・ダルビッシュ有（現カブス）がクイックをしないのを突いての盗塁。14年センバツの八戸学院光星戦は、相手捕手の馬場龍星が肩に自信を持っているのを利用し、二塁に送球させて走る一、三塁からのダブルスチールの練習を重ねた（馬場はスタメンで出場せず）。

メンバーにはこれらのデータをまとめた用紙を〝マル秘〟と印をつけたうえで渡す。原田監督はベンチに持ち込み、それを見ながら試合を進めている。

やらされる分析ではなく、自分たちでやる分析。試合前日でも３時間をかけてやる分析。選手たちに芽生える「これだけ準備してきたんだ」という想いが、試合での心のお守りになっている。

原田英彦のセオリー 52

情報を利用する

相手の分析だけではない。原田監督は独自のルートを使って、相手にどんな情報が入っているか、平安対策でどんなことをしているかもチェックする。

1997年夏の県岐阜商戦では、こんな情報が入った。「川口（知哉）を打つのは難しい。足を使った攻撃で崩そう」。川口が左腕ということもあり、特に三盗の練習に力を入れているとのことだった。「川口には『セットのとき、あえて長く持て』と指示しました」

県岐阜商は1回表、四球で出塁した先頭の石原慶幸（現広島）が初球に二塁盗塁。いきなり揺さぶってきたが、川口は冷静だった。走者を二塁に置いてから、長く持ったのだ。三盗を狙っていた石原は、いつもと違うパターンに飛び出してしまいアウト。川口はこの回、さらに四球と内野安打を許しただけに、大きなけん制アウトだった。ピンチを脱した平安はその裏に2点。主導権を奪って8対4

で逃げ切った。

2018年夏の2回戦・八戸学院光星戦では思い切ってしかけた。2回表、2点取って一死一、三塁の場面。九番・北村涼のカウントが1―0となったところから、3球連続して一塁走者がスタートを切った（すべてファウル）。一塁走者は投手の小寺智也だったが、まったくお構いなし。5球目もスタートして盗塁に成功した。2点取って走者は投手。暑い夏の大会でまだ序盤。なぜ、ここまで走らせたのか。

「光星はウチが動いてくるって情報入れてますから。余計に備えよるんで、それならいってやろうかと。相手が何を考えてくるか。相手の分析のもうひとつ上をいく、裏をかければいいなと思いますね」

八戸学院光星とは14年のセンバツでも対戦。初回に1点を先制し、さらに二死一、三塁の場面からダブルスチールを成功させている。そこから打線がつながり、一気に5得点。このときの印象から、「光星は平安の機動力を警戒している」という情報が入っていた。相手が意識しているなら、余計に意識させ、意識過剰にさせようとの狙いだった。ちなみに、投手でも走らせることに躊躇や迷いはないという。

「小寺は能力がありますし、普段から盗塁させてますから。服部（大輔）や市岡（奏馬）にも『好きに走っていい』というサインを出して盗塁させました。昔はピッチャーは厚底のスパイク履いてたんで走りづらかったんですけど、今はそんなの売ってないですからね」

もうひとつ、情報戦では、こんなこともあった。炭谷銀仁朗が3年生だった2005年夏の京都大会1回戦の花園戦。なんと平安の中にサインをばらした選手がおり、相手はすべてサインがわかっているという情報があった。

「最初は普通にサインを出しとったんです。サインを出したら、向こうが外しよった。『やっぱり、わかっとるな』と思って、選手集めて『サイン変えるぞ』と言って変えました。怖いですよ、子どもって。選手には『自分たちの情報は絶対ばらすな。よその情報はもらえ。都合ええけど、そうちゃうけ？　勝ちたかったらそうしようぜ』と言ってます」

敵はどこにいるかわからない。今やSNSで簡単に情報が拡散される時代。情報をどう隠し、どう利用するか。情報を制するものが試合を制する。

原田英彦のセオリー **53**

センターがあえて動くのを見せる

センターを守っていた現役時代、原田監督は1球1球、左右にわざと大きく動いていた。

「バッターはセンターが見えますよね。センターがワイワイしゃべってたら気になるし、ダーッと先に右中間に寄ったりしたら、右バッターは『外だな』と思います。そう思わせておいて逆に走ったりするんです。大きく手を回したり、ピョンピョン跳ねたりもしましたね。センターが動いてるのが目に入ったら集中力がなくなりますから、その打席は勝てると思うんですよね。『これでもか、これでもか』ってかたちでやってましたね」

あまりに大きく動くので、気になった打者から〝クレーム〟が来たのは一度や二度ではない。

「『原田さん、動かんといてください。声出すのやめてください』ってホントよう言われました。『見んかったらええやん』って言ってましたけど（笑）」

もちろん、これをやりすぎて守備に影響してしまっては元も子もないが、意識すれば、投手が投げる前、自分が守備態勢に入る前にやることはできる。

「センターのヤツにはみな、やれって言ってます」

この応用を内野でもやっていたのが、原田監督が絶賛する1999年のチームの具志賢三、井上裕貴の二遊間コンビ。大きなジェスチャーと大きな声で相手を幻惑させていた。

「内野もここっていうところで動いて声を出してれば、バッターは目に入りますから。そこで集中力がなくなりますからね。勝負ですから」

16年センバツ準々決勝の明石商戦では、原田監督の指示で内野手を大きく動かした。

「バッターもランナーもだませ。とりあえず動けと。明石商のときはスクイズのケースになったら、セカンドをバッターの前ぐらいまでブワーッと出させました。軟式出身の久保田（悠）はやんちゃな子でずっと動いてた。バッターはプレッシャーかかったと思います」

投手対打者の一対一の勝負ではない。守っている野手も協力して、いかに一対多で勝負できるか。できることを見つけて投手を助ける。それが野手の役目なのだ。

原田英彦のセオリー 54

思い切ったバントシフトをする

目の前にファーストとサードがいる。

打者からすれば、「バントする場所がない」と感じるぐらいの思い切ったダッシュ。これが、平安のバントシフトだ。

「守備側から攻めていこう、プレッシャーをかけていこうということですね。ここは送りバントしかない、というケースならバッターにもプレッシャーがかかってるわけですから」

無死一、二塁は相手のチャンスだが、打者の視点で見れば、フォースプレーでバントを決めるのがもっとも難しい場面。守備側と攻撃側の心理を逆転させて考えれば、打者のほうが苦しいともいえる。リスクを取ってでも思い切って勝負をかけることで、ピンチがチャンスになるのだ。

「一番やったのは最後の平安のとき（2008年センバツ）。ファーストがどんくさかったんですよ。

それで、必要やなと。セカンド、サード、ショートは結構器用な子だったんで、ファーストを出すために練習しましたね」

バントシフトをかける以上、バントをやらせなければいけない。このとき、多くの場合はもっともバントをしにくい内角高めに投げるが、平安はあえて変化球を投げることもある。

「08年はエースの川口（亮）がふにゃふにゃする（動きが遅い）ピッチャーだったので、遅いボールを投げてバントさす練習をしたんですよ。自分とファーストが前に行く時間を稼ぐためです。バントをやらすときは遅いボールを甘めに投げろと」

これがハマったのが3回戦の鹿児島工との再試合。1回表無死一塁から左打者に107キロのカーブを投げてバントさせ、投手が二塁で封殺。6回表も無死一塁、カウント2—1から右打者に110キロのカーブを低めに投げ、またも投手が二塁で封殺した。特に2つ目のバントはファースト、サードが前に出てきたことにより、コースを狙えない状況をつくってやらせている。この試合は1対0での勝利。無死から二度のバントを封じたのが大きかった。

「シフトを成功させる条件は、ピッチャーがストライクを投げること。いくらシフトをしても、ストライクゾーンに投げられないと策が無駄になりますからね。それと、ピッチャーは正面にしっかり降りること。ファーストとサードがプレッシャーをかければ、バントのコースはピッチャー前になりますよね。そこでピッチャーのダッシュが甘いとせっかくのバントシフトが活きないんです」

16年センバツ準々決勝の明石商戦もバント守備の勝利だった。1対1で迎えた8回表無死一、二塁では3球連続でファウルさせてスリーバント失敗。2球目にブルドッグシフト（ファースト、サードがバント警戒でダッシュ。セカンドがファーストベース、ショートがサードベースに入るバントシフト）をかけ、3球目の前にはブルドッグと見せかけての二塁けん制も見せている。10回表無死一塁では捕手前のバントでダブルプレーを奪った。7回表一死三塁ではスクイズをピッチドアウト。2回戦までの2試合で8犠打とバントが得意な明石商にバントを決めさせず、延長12回2対1の接戦をものにした。

明石商戦でブルドッグシフトをかけているように、多くのバリエーションがあるのが平安の強みだ。よくやるのが、ファーストとサードが猛ダッシュをかけておいて、投手がプレートを外して投げないというけん制。相手に「ここまで出てくるんだぞ」と見せることでプレッシャーをかける、かけひきのための作戦だ。

「ダミーのサインがあります。ファーストとサードが出て行ったときにキャッチャーがパッと立ち上がって、ピッチャーはしらじらしく外す。わかってるのに、『えーっ』みたいな顔して（笑）。『みなが見てもわからないようにせえ』って練習させます。遅延行為だとか威嚇だとかって言われますけど、必要やと思います。あれがあるっていうだけでプレッシャーかかりますから」

かけひきをして心理的な揺さぶりをかけられるのが、間のスポーツである野球のおもしろさ。ただシフトをかけるのではなく、ひと手間かけることが平安のこだわりだ。ファーストとサードはいつも出るばかりではなく、出なかったり、出るふりをして出なかったり、出ないふりをして出たりしながら相手に考えさせる。サードがわざと後ろに下がり、バントを警戒していないように見せてから思い切ってダッシュするポジショニングの〝だまし〟もある。あらゆる動きをして、簡単にバントもバスターもさせない工夫をするのだ。また、ひと手間には、声によるものもある。

「特にファーストには『観察して口に出せ』と言います。バッターの立ち位置を見て、前に立っとったら『バントやぞ』とか、後ろに立っとったら『打つ確率もあるぞ』とか。けん制したときにバッターの動きを見て、『今、足そろったぞ。バント出てたぞ』とか細かいことも1球ずつ言ってやる。それでバッターにプレッシャーかかるので」

近年の高校野球は打力が向上し、バントが軽視されるようになった。それに伴い、バント守備も甘いチームが増えている。だが、接戦の終盤になれば、どんなチームでもバントを使うようになる。無死一、二塁から始まるタイブレークならなおさらだ。バント守備に絶対の自信があるから競り合いでも余裕を持って戦える。かけひきを交えたこだわりのバントシフトこそ、平安の強さの秘密なのだ。

守備力のない選手はファーストで起用しない

外国人かベテラン。プロ野球のファーストにそんなイメージがあるように、ファーストは打力が優先されることが多い。レフトとともに、打つだけで守れない選手が起用される〝墓場〟。だが、高校野球の場合はそれでは命取りになる。

「高校野球のファーストとサードはすごく重要。なぜなら、バントに対応しますから。バント処理はもちろん、バント守備に関してのかけひきができるか。言葉は悪いですけど、相手をどうだますか。パフォーマンスと声でそれができる子がファーストとサードにおったら、非常に楽ですよね。だから、僕は守備力のない子は絶対ファースト守らせないです。打つだけじゃダメです」

原田監督がファーストを軽視していないのがわかるのが、走者一塁で左の強打者が打席などの場合。けん制に備えてベースについているファーストが、投球と同時に大きく後ろに出て守る動きができている。引っ張った強い打球を処理するには、後ろに守ったほうが有利。その分、守備範囲も広くなる。甲子園出場チームのすべてのファーストをチェックしているが、この動きがしっかりできるのは毎年2、3校だけ。平安はどの年を見ても必ず教えられている。

現役時代にファーストを守った経験もある原田監督だけに、ファーストへの要求は細かい。経験者としてのコツが表れているのが、ファーストゴロで投手が一塁ベースカバーに入った際の送球。距離によってトスすることも投げることもあるが、決まりがある。

「右利きのピッチャーと左利きのピッチャーで違いがあるんです。左利きは多少ボールが低くなっても捕れるんですけど、右利きは（グラブが）上からいきますから低くなったら捕れない。右利きに関しては胸のマークより上に放ってやらないといけないんです。左利きのときは投げるほうも楽ですけど、右利きのときは慎重に放らないかん」

技術面だけではない。セオリー54のバントシフトの項でも触れているように、かけひきを重視する。

「ファーストランナーをどうやってくぎ付けにするか。言葉ひとつ、目線ひとつでできます。バントシフトで前に出るときも、いったん（ランナーを）ノーマークにして出て行って、次は出るふりをしてランナーの目を見る。そこでランナーに『次、出るぞ』とか『けん制あるぞ』と言うだけでプレッシャーかかりますから。そういう細かいとこまで結構言いますね」

常に言うのは、相手の心理になって物事を考えろということ。内野手が相手の監督のサインを見るのは平安の決まりだが、そこで〝異変〟を感じたら口に出す。もっともランナーに近い場所にいるのがファーストだからだ。

「サインが出たときだけヘルメットを触るランナーもいれば、盗塁のサインで無意識に二塁ベースやセカンド、ショートの位置を確認するランナーもいます。そこでファーストが『今ベース見たぞ。走るぞ』とか『もう一発けん制いこうか』と言う。そのひとことでスタートを一瞬遅らせることができれば、ファインプレーと同じですよね。だから、『自分がランナーのとき、どう言われたり、何をされたりしたら嫌か考えてやってみろ』と言うんです」

バント守備以外でファーストの見せ場といえば、けん制のときだろう。走者一塁で前にダッシュすると見せかけて戻るトリックけん制もあるが、それよりも大事なのは一、二塁や満塁でベースから離れている場面。ここからの一塁けん制、二塁けん制は平安のお家芸のひとつだ。

「どういうふうにだますか。一塁ランナーをどうひきつけるか。その前から準備としてセカンドがファーストに対してしゃべるんです。『ランナーリード小さいな。フォースアウト取れるぞ』とか『足遅そうやな』とか。ちょっと言うだけでチラッと見よるんですよね。見よったらこっちのもんや。もっとしゃべれと。しゃべりながら、『よっしゃー』と言ってセカンドが二塁へけん制入るふりして、ファーストがポンとベースに入る。『えーっ』ってなりますよね」

2013年秋の明治神宮大会の三重戦の初回二死満塁で見せた一塁けん制はまさにこのかたち。セカンドが二塁ベースに走ると同時にファーストが完璧なタイミングで入ってアウトにした。

「試合の時期は週に1、2回はけん制の練習をやります。チームプレーですからね。サインを出すキャッチャーも含めてみなの息がパチッと合わないといけない。練習は必要ですね」

かけひきのためには観察力や視野の広さが必要だが、これらは自分の守備にも活きる。例えば、走者が二塁にいる場面でのバント守備のとき。ファーストは前にダッシュしながら、横目で二塁走者のスタートもチェックする。

「どこに投げるのかの指示を出すのは最終的にはキャッチャーですけど、『一番信頼できるのは他人じゃなくて自分やないか』と言うんです。社会人のときに僕自身練習したんですけど、前に出て行きながら、二塁ランナーのスタートも見れるんですよ。フォースプレーかタッチプレーか、ランナーの足の速さはどうか。それらを頭に入れたうえで、スタートがいいか悪いか自分で判断して三塁に投げれる選手になれと言います。そのへんまでできれば一流だと思いますね」

この他には、ポジショニングを自分で変えられるかどうか。

「キャッチャーのサインを見て動きなさいと。バッターの立ち位置で見えにくいときも、見える位置に行って見る。ポジション取りによって抜ける打球を止めることができるんですから、僕はやるべきやと思います」

ちなみに、原田監督が理想としているのは左利き。二塁、三塁への送球がしやすいからだ。それ以外にファーストに適しているると感じるのは中学時代に軟式で捕手をしていた選手。硬式出身の選手に比べて、観察力、洞察力がある場合が多い。

「硬式はランナーが二塁に行ったら打って返すだけ。それに対して、軟式はどうやって1アウト三塁をつくるか。ランナーを三塁に行かせるか、行かさないようにするかという攻防があるので結構細かいことが頭に入ってるんですよ。だから軟式のキャッチャーの子は重宝します。その子をファーストに回すこともありますね」

ファーストに対し、これだけ観察力やかけひきを求める監督は少ない。守りのチームだからこそ、他のチームが軽視しているところに力を注ぐ。それが、他のチームにはない大きな強みになっている。

原田英彦のセオリー 56

初回の攻防で主導権を握る

異常な集中力といっていい。

平安の初回のすごさは攻守で際立っている。失点したのは甲子園48試合でわずか2試合。14年夏の春日部共栄戦で5失点するまでは36試合で1失点だけだった（2003年夏の明徳義塾戦）。センバツは28試合していまだ無失点だ。得点も9イニング中三番目に多い24得点。センバツはイニング別最多タイの16得点を挙げている（P190表12）。初回に得点を挙げた試合は10勝2敗（春6勝2敗、夏4勝0敗）と圧倒的な強さを誇る。

「攻撃のほうも守備のほうも1回をバチッと終えたら乗ってくるんです」

先攻、後攻について原田監督は「ウチは絶対後攻を選びます。自らの意思で先攻は選ばないです」と言うが、それも初回に絶対的な自信があるから。後攻で守備からリズムをつくるのが平安の戦い方

表12 甲子園イニング別得点、失点

得点

イニング	1	2	3	4	5	6	7	8	9	10	11	12	13	14	15
春	16	8	14	3	12	16	12	14	4	4	2	1	0	0	0
夏	8	5	9	4	15	12	8	7	8	4	1				
合計	24	13	23	7	27	28	20	21	12	8	3	1	0	0	0

失点

イニング	1	2	3	4	5	6	7	8	9	10	11	12	13	14	15
春	0	17	7	8	5	8	15	1	6	1	3	0	0	0	0
夏	6	9	8	1	3	3	9	14	2	0	1				
合計	6	26	15	9	8	11	24	15	8	1	4	0	0	0	0

だ。「後攻のほうが落ち着きますね。守備から入ったほうが普段のリズムになります」。甲子園では先攻22試合、後攻26試合と試合数に大差がないが、これはじゃんけんに負けているからだ。

では、なぜここまで初回に強いのだろうか。

理由のひとつとして、試合前の準備へのこだわりがある。試合開始直前、平安の選手たちはベンチ前に半円をつくり、〝儀式〟を行う。前屈など身体のストレッチや首の運動などをしたあと、股割りの姿勢をつくり、全員で声を出して前に出した両腕を身体のほうへ引き寄せる動作を10回行う。さらに太ももやお尻などをバチバチと叩く。儀式の後半部分が気分を高めるサイキングアップだ。

「手法によって意識を下げるのと上げるのはできると思うんですよね。最初は下げるんですよ。リラックスしてスーッと力を抜いてから、最後にグッと上げていく。高揚さすというか、アドレナリンを出す。メンタルの部分では、あのルーティンがいいのかなと思います」

今や儀式を撮影するために、ベンチ前に人が集まるぐらい有名に

試合開始前の"儀式"。気持ちを落ち着かせる運動をしたあとに、両腕を引き寄せる動作(写真)などで気持ちを高めていく

なった。あれをやることで相手に「平安だ」と意識させる効果も生まれている。

ただ、気持ちが高揚しすぎてしまえば本末転倒。その場合には呼吸法を使って下げることもする。また、京都大会では雨天時など試合前の時間が短縮される場合があるため、それに備えて練習試合ではあえて儀式をしないパターンもつくって準備している。

試合の入りとして、大きな問題になるのが投手の立ち上がり。特に甲子園は普段より緊張感があるうえ、試合前に遠投ができないなど制約もある。それでも歴代の平安投手陣がいつも通りの投球ができているのは、試合前の準備がしっかりできている証拠だ。

「甲子園はよそ行きなんですよね。雨天練習場(試合前の練習場所)は狭いうえに、一塁側と三塁側の使える距離が全然違います。初出場のチームはおそらくびっくりすると思います。『ここで身体つくれるの?』って。普段はグラウンドでアップしますし、十分にアップできる。遠投から入れますけど、甲子園では無理です。雨天練習場のマウンドにコーンが置いてあって、使えないこともあります。15メートルぐらいの距離でキャッチボールせないかん。そういう中でちゃんとつくって、パッと入らないかんので、普段と全然違うんですよ。だから、甲子園が決まったときは、グラウンドにコーン置いて、そこで身体をつくる、キャッチボールをやる予習はします」

入念に体操をして、インナーマッスル、アウターマッスルともに刺激を与えてからキャッチボールをする。ブルペンでの球数は個人に任せているが、必ずやることになっているのが試合前のコンディショニング。ブルペンでの投球が終わって、試合に入るまでの間に行う。

「野手が(ベンチ前で)バット振ってる時間にピッチャーは裏に入って準備さします。マットを置いて、股割りをしたり、リラックスしたり。そのルーティンがいいのかもわかんないですね」

試合当日までには、入念に相手の分析をして、打者を想定した投球練習もする。具体的に打ち取るイメージを持ってマウンドに上がるようにしている。

投手の立ち上がりもさることながら、初回の強さで見逃せないのが安定した守りだ。48試合中46試合が無失点とはいえ、ピンチは数多くある。1997年センバツ2回戦・日南学園戦は先頭打者に二塁打を打たれるが、送りバント空振りで飛び出した二塁走者を、準々決勝・報徳学園戦は先頭打者に

初回から普段通りの守備をするには試合前の「ノックが大事」と原田監督。選手が合わせやすい打球を出して、リズムをつくっていく

三塁打を許しながらスクイズを外し飛び出した三塁走者を、いずれも落ち着いた挟殺プレーでアウトにした。14年センバツ準決勝・佐野日大戦は二番打者から3連打を浴びたが、一死一塁からのけん制アウトが大きかった。14年センバツ1回戦・大島戦では一死一、二塁からレフト前ヒットで本塁を狙った二塁走者を見事なバックホームで、16年センバツ1回戦・明徳義塾戦では二死一塁から二塁打で本塁を狙った一塁走者を中継プレーでアウトにしている。

いきなりのピンチでも浮足立たず、いつも通り守れているからこその無失点。初回から普段通りの守備を可能にするための準備がシートノックだ。

「最初が大事。ノックが大事ですよね。みな見ますから、そこでプラスになる部分はつくれると思うんです。まずは、普段と同じペースでやるといいことですよね。それと、甲子園では『見せてやれ』と言ってます。選手が（打球に）入りやすい、もぐりやすいノックを打つことは心がけますね。打球に対して簡単で、合わせやすいノックで足を動かす。ポーンと緩いノックで、そこに選手がスーッと入っていって、流れるノックを打つ。僕も笑顔出したりとか、『よっしゃー』って乗せてやります。楽しくきれいに終われるのが一番いいですよね。きついノックは全然打たないです」

選手の気分をよくし、相手にはうまいと思わせるノック。これでリズムをつくることも初回の堅い守りを生んでいる。

初回の入りで、どれだけ力を発揮できるか。事実、これだけ初回に強い平安でも春日部共栄戦では得意とするバント処理ミスから崩れて5失点している。どれだけ準備をしてもしすぎということはない。身体はもちろん、メンタル面も重視して行う徹底した準備が、安定した立ち上がりにつながっている。

第5章

リーダーの務め

原田英彦のセオリー **57**

ユニフォームにとことんこだわる

高校野球界広しといえども、ユニフォームの話だけで1時間しゃべれるのは原田監督ぐらいだろう。それぐらい、ユニフォームへの想いとこだわりは強い。

原田監督が平安のユニフォームにあこがれたのは小学校4年のとき。少年野球のチームをつくり、名前を『京都平安』にした。ユニフォームは本家そっくり。HEIANの「E」の横の線は、高校と同じ3本同じ長さにした。

「そのユニフォームで出ますと言ったら、『高校名やからアカン』と言われて、仕方なくやめました」

当時の平安は高校で試合に出るためには平安中学から入らなくてはいけない雰囲気があり、原田監督も受験したが、一次、二次試験ともに失敗。「浪人する」と言って周囲を慌てさせた。中学生になると毎日練習を観に行った。甲子園となれば朝5時に起きて毎試合通ったが、忘れられないのがナイターで観た平安のユニフォーム。昼間の試合よりも輝いていた。

「カクテル光線に青光りしてユニフォームがめちゃくちゃカッコよかったんです。調べたらバリオというメーカーだとわかって、取引してるスポーツ店を教えてもらって買いに行きました。平安のかぶってる帽子も買いました」

平安に入学し、あこがれのユニフォームに近づいたものの、すぐには着られない。平安では、メンバーに入らないとユニフォームが買えなかったからだ。1年の秋にユニフォーム購入許可が出て、初めて袖を通したときの高揚感は今でも忘れない。ユニフォームを着たまま、鏡の前で3時間ぐらいニコニコしていたという。

「平安のユニフォームはきっちりカッコよく着ないかん」

これが、原田監督の変わらない想いだ。平安には、ユニフォームの着方にも伝統やこだわりがある。

「ズボンは当時、バリオの0－100とか0－110です。100とか110というのはウエストの大きさ。太いんです。それをシワを寄せてベルトでグッと止める。そのままだとお尻がないからぶかぶかなので、ポケットにタオルを2枚ずつ入れて下半身を大きく見せてました。この着方は先輩から代々伝わってきたことなんですが、何回も鏡見て研究しましたね」

ズボンだけではない。ストッキングにも平安スタイルがある。

「紺色の部分を多く見せる超ローカットです。（下に履いているソックスの）白い部分をたくさん見せたらアカン。ただ、ストッキングが純毛だったんです。伸びないし、洗濯したら縮むんですよ。それをおふくろに縫ってもらって継ぎ足しして、ソックス止めで止めて履いてました」

ところが、1993年に監督になって母校に戻ってみると、伝統のユニフォームが変わっていた。もちろん、黙っている原田監督ではない。すぐに動いた。

「昔のバリオ、ずっと見てきた平安のイメージ、3年間着たイメージに戻そうと思ったんですね。というのは、OBもファンもたくさんいますし、その人たちには昔の面影が残ってるじゃないですか。その期待に応えたいと思ったんです。まず、帽子がまったく違いました。それも、みな洗濯バサミで変な型をつけて載せてるだけ。すぐにやめさせました。(型のつけられない) 玉澤の丸帽にしましたね。それと、『H』のマークも横に長いHだったんですよ。それも即、昔と同じく短い部分は2センチ、長い部分は4センチのHに変えました。ユニフォームもちっちゃくなって、イメージと程遠かった。僕は高校時代に着てたユニフォームを今も余裕で着れますよ。それぐらいごっついの着てたんです」

ユニフォームの色も子どもの頃にあこがれたものとは違っていた。ただ、かつてのバリオはもうなくなっており、まったく同じようにはできない。

「アシックスだったんですけど、いろんなメーカーにホワイトを持ってきてもらって比べたら、昔の青光りした色に近い『スーパーホワイト』というのがミズノにあったんです。それですぐ変えました」

小学校4年のときからあこがれていたユニフォームに身を包んで、夏の甲子園100回大会で史上2校目の春夏通算100勝を飾った原田監督

もちろん、この程度の変更で終わる原田監督ではない。こだわりは、かなり細部にまでわたる。まず、気になるのはユニフォームの袖。他校と比べて、明らかに長い。大阪桐蔭が短めにしているのと対照的だ。

「桐蔭は腕が出たら筋肉が見えるからそうしてるんでしょう。ウチも一回、やったろうかなと思ったことあるんですよ。僕自身がそれ着たらおもろいやろうなって（笑）。ウチの袖は他のチームより4センチぐらい、僕のは別注で5センチぐらい長いと思います。僕はサイズが3XO。ごついんで自然と長くなるんですけど。それと、袖はセンバツと夏とでちょっと違うんですよ。センバツのときは1～2センチ長いんです。寒いから（笑）。夏は汗かくので短めですね」

長い分、動きづらく感じる選手もいる。そのため、わきの下はカットしてある。

「3年前から切ってます。だいぶ動きやすくなってると思います」

帽子のマークは就任して即変えたが、それだけにとどまらない。

「帽子の縁取りは紺色にしてるんですよ。最初はシルバーだけだったんですけど、刺しゅうを入れる都合でシルバーだけだとどうもHが歪んで見える。気になるからやり直せと言ったんですけど、うまくできない。それをカバーするのに紺の縁をつけようとなったんです。その紺の縁がちょっと厚めの年もありました。見栄えですよね。気づかないですよ。でも、比べたら全然違いますよ」

帽子のツバが一色ではなく、正面に見える細い部分だけ色を変える〝サンドイッチ〟が流行したときは取り入れてみたが、不評だったので一大会のみでやめた。毎回のように微妙な変化をしているのだ。

このように伝統を大事にする一方で、今風に変化させていることもある。それが、ズボンだ。優勝した2014年のセンバツから細くした。

「当時の主流がピチピチだったでしょ。それで、選手に要望を訊いたんです。『どうや？　ズボン細くするか？』と言ったら、『してください』と言うんで、ワンサイズ細くしたんですよ」

実は、08年のセンバツでこんなことがあった。初戦に勝ってユニフォームをクリーニングに出したところ、クリーニング店の失敗でズボンが縮んでしまったのだ。原田監督は気に入らず新しいズボンを履いたが、選手たちはむしろ縮んだズボンのほうが動きやすいと喜んでいた。

「その頃から子どもは細いのがいいと。今の流行りですし、『練習着に関しては全然いいよ。動きやすいのを履いたらええ』と言ってました。ただ、試合に関しては昔からの伝統や意図を伝えてました。優勝してから、ズボンは細いままですね」

伝統とこだわり、見栄えに動きやすさを融合させながら、現代の平安のユニフォームのブランド力を磨いている。ちなみに、原田監督がこだわっているのは平安のユニフォームだけではない。甲子園で平安に先駆けて100勝を達成している超名門・中京大中京が、19年夏、昔のユニフォームに戻したときは、我が事のように喜んだ。

「僕が高校1年の秋、何周年かの文化祭で平安の学校グラウンドに中京を招待試合で呼んだんです。グラウンドに入ってきたときの印象が鮮烈でした。ちょっと立ち襟のユニフォームでめちゃくちゃカッコええと思ったんです。その中京がユニフォームを当時のものに戻した。それも、ウチと同じスーパーホワイトにしたんです。ユニフォームを観に、秋の神宮大会にわざわざ行きました。『これや、これ。ええわ』って（笑）」

高校野球ファンも真っ青の筋金入りのユニフォームオタク。それが原田監督なのだ。

原田英彦のセオリー 58

ユニフォームの取り扱いにとことんこだわる

ユニフォームは戦闘服。

これが、原田監督の考え方だ。生半可な気持ちでは扱わない。ユニフォームに関する〝儀式〟だけでもいくつもある。

まずは、洗濯。ユニフォームは他の物といっしょに洗わない。

「『ユニフォームは単体で洗え』って言います。もし色がついたらどうすんねんっていうことですよね（笑）」

汚れたソックスといっしょに洗うなんてもってのほか。一度、裕子夫人が下着といっしょに洗おうとして激怒。離婚騒動になったといううわさがある。

「離婚？ それは言いすぎです（笑）。ただ、だいぶ怒りました。『大丈夫やろ。そんなんやったら自分で洗いや』と言われましたけど」

基本的には自分で洗うが、大会中、対戦相手のビデオを観るなど時間に追われているときは奥さんにお願いしている。脱水が終わり、洗濯機が終了を知らせる「ピー」という音が鳴るとすぐに取り出して干す。

「しわになりますからね。それが一番嫌なので、『ピーピー』と鳴ったら、『早よせえ。もう鳴ったぞ』と言います（笑）。絶対、しわを伸ばしてから干します。上着を干すときは一番ごっついハンガーを使って、肩のところにハンガーの跡がつかないようにかけます」

乾いたらたたむが、たたみ方にもこだわりがある。

「胸のマークは絶対に折ったらアカン。これはみなに言います。たたんだら、マークを見せるようにカバンの上に置きます。手に持つときも（たたんであるのが崩れないように）ぐちゃっとは持たないです」

さらに、着る前にも決まりがある。

「必ず朝風呂に入ります。目を覚まして、シャキッと身体を清めます。自分でアイロンをかけ、きれいな折り目をつけて臨みます。これは社会人のときからずっとやってますね」

監督自らこれだけの扱いをする平安のユニフォームは特別。胸にＨＥＩＡＮの文字が刺しゅうされたユニフォームは春と秋の京都大会では着用しない。文字がプリントされたものを使用する。刺しゅう版の戦闘服は、夏の京都大会と甲子園限定だ。夏の大会でも、メンバー入りして初めて原田監督から渡されるため、スタンドの控え選手は着ることができない。

日本一ユニフォーム愛の強い原田監督だが、一度だけユニフォームを着るのを拒否したことがある。それは、平安が龍谷大平安に変わったとき。ユニフォームの変更がどうしても受け入れられなかった。

「校名が変わるとき、胸に龍谷ユニバーシティと入れてくれとか、（龍谷大と同じ）縦じまにせえとか、帽子をRにせえとかいっぱい言われました。大学のナンバー2の人には、『龍大にどれだけの卒業生いるか知ってるか？　みな気にしとんのや。言われたらせなアカンやろ』と言われたんですけど、『僕関係ありません。龍大出てません。僕は平安高校ですわ』って言いました（笑）」

デザインの変更は避けられないが、大幅な変更は食い止めたい。そこで原田監督は行動を起こした。

「これは先に手を打たなアカンと思って、龍大の学長のとこ言ったんです。おきて破りですけど。1時間ほど話を聞いてくれました。最終的には『私もあのユニフォーム好きです。ただ、付属になるのでどこかに龍谷大学と入れてほしい』と言われましたね。ローマ字、漢字など4つほど向こうからレイアウトが来て、『胸は絶対嫌ですよ。袖に入れてください』と」

渋々、袖に大学名を入れることは了承したが、実は、袖もまた原田監督が平安のユニフォームを特別視する理由のひとつだった。多くの学校は袖に校章や都道府県名、市町村名が入っているが、平安は左右の袖ともに何も入っていない。日大三と並び、数少ない両袖があいている学校のひとつだったのだ。

「いろんな理由を言いました。『刺しゅうすると雨に濡れたら重くなります』とか『野球やってると気になるんです』とか『汗をふくのに邪魔です』とか。だから小さくしますって。それでOKが出たんで、業者に言って、刺しゅうできる一番小さいサイズにしてもらいました」

最後の平安高校として戦った2008年のセンバツが終わり、迎えた夏の京都大会。龍谷大平安として臨む初戦の当日、試合前になっても原田監督は新しいユニフォームに袖を通せないままでいた。

「ホント着れなかったです。こんなん絶対着いひんって。でも、着な、試合できへんなぁとなって、最終的には、キャプテンの山口（篤史）に『オレは自分で着るの嫌や。お前、着させい』って着させてもらったんです。『オレは自分で着たん違うぞ。お前が着させたんや。お前が責任取れ』って言いながら（笑）」

新ユニフォームに袖を通し、〝観念〟したように見えた原田監督だったが、そうではなかった。その後もしばらく練習試合用のユニフォームは龍谷大と入っていない旧タイプを着用していた。公式戦でもスタンドの選手たちには平安時代のプリントユニフォームを着させていた。

「そしたら、龍大からクレーム来たんですよ。『応援団のユニフォームに大学名が入ってない』って。『みな買ってます。大学名を入れたらお金がかかる』と言ったら、『大学がお金出します』となった（笑）。それで仕方なく入れたんです」

付属大学相手にここまでやるのだから原田監督の平安愛の強さがわかるだろう。ちなみに、いまだにカバンとTシャツには、どこを探しても龍谷大の文字は見当たらない。原田監督にとって、決して侵されてはいけないもの。それが平安のユニフォーム。作法重視、取り扱い注意の特別な物なのだ。

原田英彦のセオリー 59

応援にこだわる

「H」の人文字に軽快な音楽。それが、平安のアルプススタンドだ。使用するのは、ほとんどがオリジナル曲。選手ごとに曲を変える演奏ではなく、イニングに一曲の演奏なので途切れることがない。チャンステーマ『怪しいボレロ』は全国の学校が〝口ラッパ〟で真似するぐらいの人気曲。平安の応援を楽しみに球場に足を運ぶファンも少なくない。

実は、京都の学校にはオリジナル曲で応援する流れがある。古くは京都西（現京都外大西）。平安も原田監督が初出場したときからオリジナル曲を使用している。1998年夏の甲子園準優勝の京都成章もオリジナル曲での応援だ。

「西高の応援は嫌だったですねぇ。常に流れてますから。チャンスになったらとかじゃなくて、常にですから。怪しいボレロは結構インパクトありますよね。いつからやってるんやろと思ったら、川口

（知哉）のときからやってるんですよ。応援の影響は大きいですよ」

春夏ともに初めての甲子園だった97年には、「声援とブラバンの音を意識して練習するため」ブルペンにラジカセを置き、相手の応援を流して川口に投球練習をさせた。平安ボールパークでは平安の応援曲を流しながらアップや打撃練習をすることもある。

原田監督は当初から応援の大切さを感じ、気を配っていた。初めて出た97年のセンバツは部員が21人。ベンチ入り16人にボールボーイを加えるとスタンドには数人しかいなくなってしまう。そのため、〝助っ人〟を依頼した。

「まずは応援を考えましたね。さびしかったらアカンなと思って。学校に募ったら生徒会長が応援団長をやりますと言ってくれた。ただ、部員がいないのでユニフォーム姿がない。それで同級生と話をして、ウチの娘とか息子とか子どもにユニフォーム着せて立たせたんです（笑）。そこに銀（炭谷銀仁朗）もいました。あいつの父さんは僕と同級生。バンカラ時代の平安の応援団長だったので、指導してもらったんです」

当時はブラスバンド部がなく、軽音楽部や龍谷大のブラスバンド部に来てもらったりしていたが、今はブラスバンド部ができて応援の体制が整った。そこで、毎年、原田監督は応援団に要望を出している。２０１８年夏の大会前の壮行会ではアース・ウインド&ファイアーの『September』をリクエストした。応援曲もオリジナル曲が徐々に増えているのに加え、『線路は続くよどこまでも』や『それが大事』などを演奏するようになったが、原田監督が切望しているのは別の曲だ。

「ディズニーのスプラッシュマウンテンのテーマソング『Zip-A-Dee-Doo-Dah』です。攻撃が始まる前に歌って、勝利したらサビの部分だけ歌ってあいさつする。それをブラバンでやってほしいんです。『相手はディズニーなんで』と言われて実現してないんですけど、千葉の学校（専大松戸など）はやってるんですよ。それは悔い残ってますね」

まだまだ要望を出して、原田監督らしさを加えていくつもりだ。ちなみに、原田監督は甲子園の組み合わせ抽選の前に必ずブラスバンド部の日程を聞くようにしている。

「センバツの時期は（行事などで）なかなか来にくいんですよ。だから、『この日は中学生だけです』とか『この日はOGと龍大だけです』とか『この日は外してください』っていうのがあるんです。その情報は入れてますから、ベンチで聞いてて『あー、やっぱ今日は弱いな。中学生やな』とかありますよ（笑）」

中学生しか来られない日は勝率が低いということはないが、力強い演奏であることに越したことはない。原田監督がそんなことを気にしてしまうほど応援の影響は大きいということ。軽快なリズムと独特の音楽。聞いただけで「平安だ」とわからせるオリジナル曲による応援が、間違いなく武器になっている。

原田英彦のセオリー 60

OBのおっかけをする

教え子のことを「息子」と言う原田監督。卒業しても、気になって仕方がない。卒業生も〝原田チルドレン〟というグループラインを作っており、監督からの連絡があれば、すぐに行きわたるようになっている。

「教え子が今は500（人）ちょっとおるんですけど、誰がどこで何してるかというのはほとんど知ってます」

原田監督が他の監督と違うのは、卒業すると息子の〝おっかけ〟になることだ。暇を見つけては大学や社会人の試合を観に行く。

「卒業して頑張れよ、じゃなくておっかけます。ヤツらには平安がずっとついていくからです。いいことをすれば『さすが平安』、しょうもないことをすれば『平安もたいしたことないな』と言われる。

『試合に出ないと絶対観に行かへんで』と言ってるんですけど、結構行きますすね。関東の大学は春秋のリーグ戦に行きます。関西（の大学）も行きます。社会人はオープン戦でこっちに来るのを調べて行ったりします」

大学、社会人関係者へのあいさつを兼ねてはいるが、教え子がちゃんとやっているのかどうか、この目で確かめたいのだ。

「やっぱり、息子という感覚なので心配ですね。頑張ってるのか、頑張ってないのか。試合に出てたら気になるし、声もかけてやりたいという想いが強くあります。そうでなくても、大学の監督に電話して『どうですか。ちゃんとやってますか？　やってなかったら帰してください』というのは言いますね。ただ、黙ってやめるヤツがいるんです。そういうヤツは（ＯＢとしてグラウンドに）帰って来れない。それが一番嫌ですよね」

平安では毎年12月の第1週にＯＢの集合日が設定されている。高校3年生対大学4年生の〝引退試合〟が行われ、終了後は選手たちの親が豚汁などをふるまう。その日に息子たちと顔を合わせ、昔話に花を咲かせるのが原田監督の楽しみだ。

「結婚するときはみなグラウンドに彼女を連れて来ます。披露宴をする子はみな呼んでくれます。僕が行けるのはオフなので、12月から2月にする子が多い。最高で4か月で11件ありました。『呼んでくれるのはうれしいし、1時間でも2時間でも話したる。ただし、1万にしてくれ』って（笑）。コース料理なんかいらん。のり弁置いとけって言うんですけどね」

ご祝儀の嵐で懐はさびしくなるが、それもうれしいこと。今浪隆博の披露宴は日にちを間違えて間に合わないという失敗もしたが、それも今ではいい思い出だ。

卒業してから何年たっても深いつながりのある関係でいられる。それが、平安の子。原田監督は、毎年増えていく息子たちの活躍を楽しみにしている。

原田英彦のセオリー 61

あえてカチンと来るような言葉をかける

わざと発奮させる言葉を言う。

それが、原田監督のやり方だ。川口知哉がエース・四番・キャプテンだった1997年のチームには、こんなことを言った。

「川口だけやろ。お前らみんないっしょや。川口のワンマンチームでええやないか」

選手たちがへそを曲げてしまいそうなことをなぜ言ったのか。ひとつは、川口に対する信頼を示すとともに、本人の自覚を促すためだった。その2年前の夏。名門・平安では異例の1年生エースとして川口をマウンドに上げたが、南京都（現京都廣学館）・斉藤和巳に抑えられて初戦敗退。試合後に〝福知山事件〟（4ページ・セオリー1）が起こった。

「僕がファンに絡まれてるのをみんな見てました。その責任を一番感じてたのが川口だったんですよ。

川口は家庭が裕福じゃなかったこともあって、ビッグになりたいという思いがあった。対戦した斉藤（その年の秋にドラフト1位で福岡ダイエー入団）のボールを見て、『これがプロに行くボールや。オレも目指そう。あいつを超えてやろう』と思ってやってるのも知ってたんで、こいつはやってくれるやろうと」

もうひとつは、他の選手のハートに火をつけるためだった。

「この世代のチームには反骨心がある。そういう子が結構おって、気持ちの強い子が多かった。普段はみんなぐちゃぐちゃだったんですよ。仲悪かった。そういうヤツらをグッと引き上げるというか、気持ちを高めるためですね。『川口だけでええやないか。お前らは好きにやれや』と言ったら、クソッと思いよった」

このおっさん、何言っとるんや。今に見とれ。やったろうやないか。選手たちは、「川口だけじゃないところを見せよう」と監督への反発心がエネルギーになった。

「言われるのが嫌、怒られるのが嫌ってヤツばっかりだったんです。その分、自分たちで怒りあいする。こっちが言おうかな、怒ろうかなと思ったら、ヤツらは気がついて先にやる。練習中もよくケンカしてました」

そんな選手たちだから、監督に〝ひいき〟されている川口にも容赦ない。

「『なんやお前ばっかり目立ちやがって。サボってんな。走れ。ピッチング何分やってんねん』とか

原田監督の言葉でハートに火がついた1997年のチームは、夏の甲子園で準優勝

みんな言ってましたね」

少しでも手を抜けば周りからガンガン言われるため、必然的に川口も必死になる。監督が厳しく言わなくても、相乗効果で全体のレベルが上がった。これが夏の甲子園準優勝につながった。

「ヤツらは大人だったですよね。だから、僕の想いもすぐわかってくれた。一番大きかったのはライバル心があったこと。ふりかえれば、今までで一番楽なチームでしたね」

やんちゃで反骨心が強い選手たちの性格を見抜いての言葉だった。もし今、同じことを言ったら、『なんだ監督は。川口ばっかり……』とスネる選手が多いかもしれない。だが、あえて強い言葉を言ったほうがいい場合もある。センバツ優勝した2014年のチームもそうだった。このチームの中心はキャプテンの河合泰聖と1年生の夏から試合に出ていたショートの石川拓弥。ともに中学時代は、周りから「あいつらは預からないほうがいい」と言われるほど有名なワルだった。

2013年秋の京都大会決勝・福知山成美戦。5回を終わり1対5とリードされて、原田監督はこう言った。

「なんじゃお前ら、こんなとこで負けてられへんやろ。5発どつかれたんや。10発どつき返せ。いけー！」

これで火がつき、打線が爆発。7回裏に6点、8回裏に3点と原田監督の言葉通りの10点を奪い、10対5で逆転勝ちした。

「作戦じゃないです。感情のままに言いました。口悪いんで（笑）。不良2人は『よっしゃー』って言いよったですね」

すでに近畿大会出場は決まっている。負けても大きな影響はない試合だったが、ここで劇的な試合をしたことで、その後につながった。ただ、これだけではない。このチームにはもうひとつ、原田監督の言葉が発奮を促した試合がある。それは、センバツの決勝・履正社戦。8回のことだった。

セオリー31（１０９ページ）で紹介したように、リリーフエースとして素晴らしい働きをしていた中田竜次だったが、準々決勝が終わったところで肩が痛いと言い出した。コンディショニングコーチがチェックしたところ、特に問題は見つからない。重圧からくる精神的な痛みだったが、大事を取って準決勝は起用しないことになった。

「抽選が終わったときにローテーション組みますよね。それが狂ったんです。準決勝もつなぐ予定だったのに、高橋（奎二）を完投させさないかんようになった」

これが翌日の決勝に影響した。高橋は2日続けて先発したが、3回途中で4安打2四死球を許し降板。二番手の元氏玲仁が5回3分の1を1失点と好投したが、4対2と2点リードの8回裏にピンチが来た。一死一、二塁と同点の走者が塁上にいる。いつもならエース投入の場面だが、肩痛を訴えている中田はブルペンで普段と同じようには投げておらず、準備ができていなかった。

「5回に作りに行かせたんです。キャッチャー（ブルペン捕手の横山裕也）に訊いたら、『まっすぐは投げますけど、スライダーは投げません。肩痛いって言ってます』って言うんで、『それやったらアカン。投げさせろ』と」

それでもモタモタしている姿にしびれを切らした原田監督。7回が始まる前に中田を呼んだ。

「お前なんや？　肩痛いんか？　胴上げ投手なりたないんか？　ビビってんちゃうんか？　コンディショニングコーチは肩は全然どうもないって言いはったで。ビビってんやったら、出ていけ！（ベンチの）裏から出て、ずっと行ったら上に上がれるから、アルプスの一番上に上がって立っとけ。いらんやんけ、投げれんもんが。どーすんねん？」

「投げます」と言う中田に、原田監督はこうたたみかけた。

「投げるんやったら、肚据えていけや。早よ、行ってこい！」

中田の肩ができていないため、今大会初登板の左腕・犬塚貴哉をマウンドに送って時間を稼いだが、その犬塚は緊張で顔面蒼白。ストライクが入らない。一人目の打者に四球を与えて一死満塁。二人目の打者にもカウント2ボールとしたところで原田監督がブルペンを見る。横山が準備ができたことを示す「マル」のサインを出したのを見て、交代を告げた。

「あとで聞いたら、ホンマはマルじゃなかったらしいです（笑）」

監督にあそこまで言われてビビっていたら、平安のエースナンバーの名が泣く。中田は初球ボールでカウント3―0と絶体絶命のところまで追い込まれたが、三振、ピッチャーゴロでピンチを脱した。

「中田が抑えて帰ってきたとき、僕、（ベンチの）下で泣いてたんですよ（笑）。三振とったとき、あいつが吠えたんです。吠えたの初めて見たんで、めっちゃうれしかったんです。気持ちの弱い子だったんでね。秋の神宮大会では高橋（奎二）が三重戦で、5回をビシッと2安打0点に抑えたのに（6回一死一、二塁で降板）、あいつを出したら3点取られた。そのとき、あったまきて、『1年生が頑張って投げたのに、なんじゃボケー。お前なんかいらんわ。京都帰れ』ってボロカス怒ったんですよ。それからあいつは帽子に『気持ち』と書いて、冬の練習で黙々と走ったんですよ。そういう姿を見てたのでね」

苦しい場面で最後に背中を押すのは、監督の言葉。荒々しくて、厳しいぐらいのほうが、肚は決まるというものだ。勝負の世界は気持ちで負けたほうが負ける。厳しい言葉で発奮させるぐらいのほうが、火事場のバカ力が出る。周りを気にして遠慮ばかりしていては、眠っているものに気づかないまま終わってしまう。いざというときは、闘志をかきたてる強い言葉が必要なのだ。

原田英彦のセオリー **62**

自らキャプテンになって引っ張る

厳しい言葉で奮起させることもあれば、その逆もある。

2018年の夏。記念すべき第100回大会を迎え、原田監督は期するものがあった。

「センバツはヘタしたし、夏は絶対行きたかった。（春夏の甲子園通算）100勝もかかってましたしね」

だが、チームには問題があった。リーダー不在だ。キャプテンの松田憲之朗はおとなしく、チームを引っ張る性格ではない。6月が終わるまではリーダーとなる選手の出現を待った原田監督だったが、無理だと判断。監督自ら先頭に立って盛り上げていくと決めたのだ。7月第1週に行われる支援団体主催の激励会の檀上で、選手と親を前にこう宣言した。

「この夏、オレは壊れるからな」

この時点で「壊れる」の意味を理解している人はいなかったが、開会式が終わり、選手たちはその意味を知ることになる。原田監督が「この夏、キャプテンはオレがやるからな」と言ったからだ。

「松田には『すまんけど、キャプテンのいてくれ』って。ただ、『お前が悪いということじゃない。100回大会は絶対勝たなアカンからや。任しとけ』と。みんなには、『オレについてこい』と言いましたね」

初戦の2回戦、次の3回戦までは黙っていたが、3戦目の4回戦。大谷に21対0と快勝した試合後、原田監督はあたためていたアイデアを実行した。集合した選手たちに向かって、「お前たち、最高だぜ！」と言ったのだ。ディズニーシーのアトラクション『タートルトーク』でウミガメのクラッシュが客に向かって言うセリフだ。

「みんな『えっ⁉』って感じでした。松田が一人わかってて、『おー』って言ったんです。ホントは『うぉー‼』って手上げなアカンのですけど」

松田が一人反応したことで、他の選手たちも「何や何や」と興味を持った。そこで原田監督が〝宿題〟を与える。

「ディズニーの『タートルトーク』や。動画ようけあるから検索してみ。これ絶対覚えとけよ。甲子園で絶対やるぞ」

大会前のキャプテン宣言、「壊れる」宣言に加え、ディズニーネタ。だが、唐突に見えた『タートルトーク』も、原田監督の中では準備万端だった。実は、原田監督はディズニー好きだ。新婚旅行はアナハイムのディズニーランド。日本新薬のときは正月休みにフロリダのディズニーワールドへ子どもを連れて家族旅行に出かけている。二番目の娘は日本のディズニーで踊るキャストだった。以前から、いつかどこかでディズニーネタを使おうと思っていたのだ。

「6月頭に東京に出張に行ったときに、こそっとディズニー行ったんです（笑）。確信を持つために、ディズニーシーに行った。一人でタートルトークの『お前たち、最高だぜ』っていうのを見て、『よっしゃ、これでいこう』と」

準々決勝はセンバツ出場の乙訓に11対0の5回コールド勝ち。再びロッカールームで「お前たち、最高だぜ！」と言うと、今度は選手も「うぉー‼」と反応した。

「オレが『壊れる』と言ったのはこういうことなんやと。その試合からベンチの一番前でガンガン声出しました。みな安心してついてきてくれた。そっから選手の気持ちもぐーっと上がっていったですね」

選手が打てば拍手をし、本塁に生還して戻ってきたらグータッチで迎えた。準決勝は東山に8対1の8回コールド勝ち。決勝も立命館宇治を11対0と寄せつけず、ぶっちぎりで甲子園を決めると、甲子園でも鳥取城北を3対2のサヨナラで破った。中京大中京に次ぐ史上2校目の甲子園春夏通算100個目となる勝利。試合後、応援のお礼のあいさつに向かったアルプススタンドの前で原田監督

2018年夏、100回大会で春夏通算100勝。アルプススタンドの前で、「お前たち、最高だぜー!!」と原田監督が叫ぶと、選手、応援席とも歓喜に沸いた

が叫ぶ。

「お前たち、最高だぜー‼」

こわもてで厳しい監督で知られる自身のキャラクターを変えてまで臨んだ大会での、悲願達成だった。

ただ、原田監督の〝キャラ変〟はリーダー不在だったこの大会限定。何度もやるつもりはない。ときには厳しい言葉で雰囲気を促し、ときにはキャプテン役を演じて選手の輪の中に入っていく。チームの性格に応じた変幻自在のふるまいこそ、指揮官の見せどころなのだ。

原田英彦のセオリー 63

血液型、兄弟型を調べる

どうしても甲子園に行きたかった2018年夏の第100回大会。先頭に立つリーダー不在の状況に、原田監督が調べたのが選手たちの血液型だった。

「3年生を調べたらAとOばっかり。Bがいなかったんです。唯一、2年生の水谷（祥平）がBだった。これはアカンわと思いました」

B型は自己主張が強く、行動力があるといわれる。原田監督自身もB型。先頭に立って引っ張る選手がいないのはB型がいないからという考えもあり、原田監督自身がキャプテンとして前に出る策をとったのだ（前項セオリー62）。

この年に限らず、チームの編成上、原田監督が必要だと考えているのは2つの血液型。

「やっぱり、B型、O型が中心ですね。Bがいないといかんですね。僕も根っからのBなんですけど、

表13　レギュラー血液型人数　＊不明年除く

年	A	B	O	AB	?	成績	キャプテン	血液型
1997	0	4	3	2		春8強、夏準優勝	川口知哉	AB
1999	5	0	3	0	1	春8強	具志賢三	A
2002	3	3	2	1		春1回戦敗退	高塚雄太	O
2003	4	1	4	0		春8強、夏16強	西野隆雅	A
2008	4	2	3	0		春8強	山口篤史	B
2013	3	2	1	2	1	春2回戦敗退	有田浩之	B
2014	2	1	5	1		春優勝、夏1回戦敗退	河合泰聖	O
2015	4	2	3	0		春1回戦敗退	江口時矢	A
2016	3	2	3	1		春4強	市岡奏馬	A
2019	2	3	4	0		春8強	水谷祥平	B
合計	30	20	31	7	88			

行くときにガーッと行くヤツがほしい」

参考までに歴代の平安甲子園出場チームのレギュラーの血液型を調べてみた（**表13**。不明分除く）。日本人の血液型の割合は多いほうからA→O→B→ABの順番だが、平安はO→A→B→ABの順でO型が多いのがわかる。夏の甲子園で準優勝した1997年はなんとA型は0人。B型が4人もいた。また、ベスト8以上に進んだチームを見ると、97年が3人、99年が3人、03年が4人、08年が3人、14年が5人、16年が3人、19年が4人とO型の多さが目立つ。逆にいえば、O型が3人以上いるときはすべてベスト8以上。原田監督の言う通り、B型とO型が重要な役割を果たしている。

ちなみに、日本プロ野球歴代の名選手を見ると、B型とO型はスーパースターが多い。B型は長嶋茂雄、野村克也、野茂英雄、イチロー。O型は王貞治、張本勲、落合博満、松井秀喜。BとOの存在の大きさがわかる。

血液型に加え、原田監督が気にするのは兄弟型だ。かつて常総学院の木内幸男元監督が「長男と一人っ子がレギュラーに多いときは割合にチームがもろい。次男坊や三男坊が多いときはガッツがあんだよ。粘り強いんだよ」と言っていたが、原田監督も同じような印象を持っている。

「三男、四男がおったらおもしろいですね。三男坊は一番要領がいいというか、頭も目も動かせますね。ただ、男がたくさんの次男、三男、四男はいいですけど、きょうだいは多くても上が全部お姉ちゃんで、末っ子だけど長男というヤツはやさしい。ウチのぼうず（力斗）もそうなんです」

表14　甲子園決勝進出チーム兄弟型

1997	川口	兄弟	中間子	B-M
	山田		一人っ子	D
	辻本	妹	長子	A
	村岡	妹	長子	A
	奥原	兄姉	末っ子	C
	楠本		一人っ子	D
	奥井		一人っ子	D
	宮田	兄弟	中間子	B-M
	田中	妹	長子	A

2014	中田	兄	末っ子	C-M
	高橋佑	姉	末っ子	C
	河合		一人っ子	D
	姫野	姉	末っ子	C
	常	兄姉	末っ子	C
	石川	姉姉姉	末っ子	C
	中口	姉弟	中間子	B
	徳本		一人っ子	D
	大谷	兄	末っ子	C-M
	高橋奎	兄妹	中間子	B
	元氏	妹	長子	A

甲子園4強進出チーム兄弟型

2016	市岡		一人っ子	D
	竹葉		一人っ子	D
	冨田	姉	末っ子	C
	久保田	姉兄	末っ子	C
	橋本	兄弟	中間子	B-M
	西川	姉弟	中間子	B
	竹内	兄	末っ子	C-M
	小川	兄弟	中間子	B-M
	磯崎	兄	末っ子	C-M

＊A=長子　B=中間子　C=末っ子　D=一人っ子
＊Mは男のみの兄弟

血液型につづき、平安が甲子園4強以上に進んだチームの兄弟型も調べてみた（表14）。驚くべきなのが14年のセンバツ優勝チーム。背番号ひとケタの9人のうち、6人が末っ子なのだ。16年のセンバツ4強チームもレギュラー9人中4人を末っ子が占めている。

せっかくなので、兄弟型について紹介したい。畑田国男さんの『兄弟型プロ野球珍獣図鑑』（コア出版／1989年刊）にはこうある。

兄弟型A型＝第一子（長子）。初めての子どもで、下に弟か妹がいる。
兄弟型B型＝中間子。上に兄か姉、下に弟か妹がいる。
兄弟型C型＝末っ子。上に兄か姉がいる。
兄弟型D型＝ひとりっ子。

二人以上の兄弟でありながら、女の姉妹が一人もいない「男ばかりの兄弟」の場合を、特に「M」として、それぞれの型のあとに表示する。
（例：）A―M型＝男系兄弟の長男

畑田さんが兄弟型別に割り出した主な特徴の要点をまとめると以下の通りだ（著名人については田尻追記）。

〈兄弟型A型〉

両親からすれば天から授かった初めての子であるため、理想に燃えて、周囲の期待どおりに育てようとする。無理なチャレンジをさせることは少ない。「お兄ちゃんなんだから」と我慢や弟や妹の世話を強いられたため、周りの人間を引っ張っていくことに慣れている。キャプテン向き。責任感が強くまじめなのでアベレージはよいが、大試合にはプレッシャーに負けてからっきし。チャンスに弱い。兄弟の一番上でプライドが高いため投手に向いている。権威主義のA—Mはエースになりうる。

（主なA型の選手：金田正一、東尾修、堀内恒夫、江川卓、福本豊、原辰徳。主なA型の著名人：石原慎太郎）

〈兄弟型B型〉

上下の兄弟姉妹にもまれて育つためわがままを言えない。上の言うことも下の言うこともよく聞くので人に合わせることがうまい。バント、進塁打の成功を心から喜ぶ。フォア・ザ・チームの鑑。「お互いの協力が一番大事」と信じ切っているのでセカンド・ショートが適任。

（主なB型の選手：掛布雅之、秋山幸二、清原和博、桑田真澄、村田兆治。B—M：工藤公康。主なB型の著名人：孫正義、柳井正。田中角栄、中曽根康弘、小泉純一郎、安倍晋三ら総理大臣の約半数はB型）

〈兄弟型C型〉

A型の兄姉には堅実なコースを歩ませようと思っていた両親もC型の男には「好きなことさせてやろう」と考え、本人もそのように行動する。幼いときから兄に子ども扱いされ、草野球などでも打ち負かされて反発心が芽生える。負けず嫌い。兄弟の中で一番小さいため、目立つようアピールが必要。目立ちたがりでプレッシャーをエクスタシーに変えられる。野球を遊べるから大観衆の前で大活躍する。ショートなど目立つポジションを狙う。「打つだけでいいだろう」という個人主義的外野手はC型のもの。楽観的でスケールの大きなスラッガーになるのはほとんどC型。捕手はC型が異常に多い。C―M型は感情人間で気性が激しく、人から命令されるのが嫌い。わがままでムラッ気が多く、上昇志向の強い戦う男。全兄弟型のうち最強。集中力、粘り、瞬発力、ガッツ、すべての点で他の兄弟型を凌駕している。

(主なC型の選手：長嶋茂雄、野村克也、張本勲、落合博満、山本浩二、山田久志。C―M型：王貞治、イチロー、松井秀喜、立浪和義、ランディ・バース。主なC型の著名人：本田圭佑、香川真司、錦織圭)

〈兄弟型D型〉

A型同様大事に育てられる。兄弟がおらず争うことを知らない、わがまま。外に対する闘争心はなく、静かに内側に爆発するタイプなので芸術家向き。スポーツには向いていない。集団生活を嫌う。チームプレーにはなじめない。ほとんど天与の才だけで打つ。

（主なD型の選手：衣笠祥雄、田淵幸一、江本孟紀。主なD型の著名人：村上春樹、坂本龍一、小室哲哉、浜崎あゆみ、宇多田ヒカル）

畑田さんの研究、考察からすれば、14年、16年に甲子園で結果を残したのは偶然ではないといえる。やはり、末っ子は野球に向いているのだ。一方で、残念ながら、一人っ子はスポーツには向いていないようだ。畑田さんが研究していた頃とは時代が変わり、一人っ子の割合は増えたが、基本的なことは変わらないだろう。原田監督も一人っ子には同じようなイメージを持っていたが、いい意味で裏切られたのが14年のキャプテン・河合泰聖だった。

「一人っ子はみんなが大事に育ててくれるから、なかなか自分で動かないんです。ところが、河合は気も遣えたし、周りも見れたし、要領もよかった。あいつは一人っ子に見えないです。初めて親に『あんたのおかげや』って言いました」

97年は一人っ子が3人。長子も3人と兄弟型的には大舞台で活躍するイメージは沸かないが、「ハングリーな子が多かったです。中心だった川口、奥井（正憲）、楠本（正美）は自分のことは自分でできるし、自分の考えを持ってました」。年々、親が手厚く世話をするようになっているため、例外が生まれることは稀になるかもしれない。血液型と兄弟型。原田監督に倣って参考にしてもらいたい。

原田英彦のセオリー 64

抜き打ちで寮をチェックする

近畿以外の県からも選手が集まる平安。遠方の選手や希望者は寮生活を送っている。原田監督は自宅マンションで別に生活しているが、しばしば寮生の様子を見に行く。

「毎日行くとなったら、ヤツらが構えよるんで、たまにですね。『ぼちぼち行くで』って言うてやったら、パーッときれいにしよります」

もちろん、それは〝公式〟にチェックに行く場合。原田監督はそれよりも、選手にわからないように見に行くのを大事にしている。

「夜の9時半ぐらいにバット振ってるか見に行ったり、夜遅く11時半に電気消えてるか見に行ったりします。寮長を呼んで『ここ2、3日、夜中に洗濯干し場の電気がずっとついてるな。注意せえよ』とかボソッと言ってやったら、『見られてるな』って思いよるんです。今は寮が静かです。バット振ってる子は少ない。何かっていうとすぐケータイですよ。みな部屋におりますね」

抜き打ちで隠れて見るほうが、選手の素がわかる。

「井沢（凌一朗、12年夏の甲子園で2本塁打を打った一番打者）は1年で寮に入ってから、3年夏の大会が終わるまで、1日たりともスイングを欠かさなかったです。雨が降ろうと雪が降ろうと。雨が降ったら裸足で振っとったんですよ。『なんで裸足で振ってるんや？』と訊いたら、『くつ履いたら滑りますから』って。裸足のほうが滑ると思うんですけど（笑）」

もちろん、わかるのはプラスのことばかりではない。

「悪いヤツがいるときは、毎日のように行きます。週に4回ぐらい張り込みましたよ。（ばれないように）ヨメさんの小さい車に乗って、止めてずっと見てました」

2003年にはこんなことがあった。当時は6人ぐらいで下宿しているマンションがあった。主砲の西野隆雅も下宿生の一人。前年からのレギュラーでキャプテンだけあって、原田監督が様子を見に行くと必ずバットを振っていた。

「センバツまでは、なんぼ遅くても毎日バット振ってました。こいつ、すごいなって思ってたんです」

センバツではベスト8に進出。西野も四番として初戦の宇部鴻城戦で先制の本塁打を放った。ところが、センバツ後。西野の様子がおかしい。

「一切、バット振ってるのを見んようになったんです。センバツでホームラン打って有頂天になって帰ってきて、彼女ができたんです」

同じ下宿生からも「西野はいつも帰ってくるのが夜の10時をまわってます。なんとかしてください」と言われていたため、張り込みをした。夜遅く帰ってきた西野に理由を訊くと「お腹減ったんで、牛丼食べに行ってました」と返ってきた。うそだとわかっていながら、その場は「そうか」と流した原田監督。そこで注意しても効果がないとわかっていたからだ。案の定、西野は原田監督に会った翌日以降も夜遅く帰るのをくり返していた。

気の緩み、取り組む姿勢の甘さはプレーに表れる。夏の大会前の最後の練習試合。市和歌山商（現市和歌山）戦で〝事件〟は起こった。第2打席で内野フライを打ち上げ、走らなかったのだ。このタイミングで原田監督はカミナリを落とした。

「お前なんや？　なんで走らへんねん。出ていけ！」

ベンチから出して罰走を命じると、試合後は「最悪、親がなんとかするやろう」とバスに乗せずに遠征先の和歌山から出発した。前に車がつかえていたせいで西野が間に合い、バスに乗り込んできたところで原田監督は再び突き放した。

「誰が乗ってこい言うた？　出て行け、ボケ！　お前みたいなんは大学取り消しや！」

すでに立命館大への進学が決まっていたが、その場で立命館大の松岡憲次監督（当時）に電話。「ちょっと許せないんで、取り消してもらえますか」とお願いした。

「松岡さんは、『たぶんなんかあったんやろう。僕のパフォーマンスやろう』とわかってくれてましたけど、西野は泣き出しましたね」

夏の大会もベンチを外す寸前までいった。最後はそんな荒療治はしなかったが、結果的に西野は京都大会で大不振。決勝の京都外大西戦こそ初回に貴重な先制の3ランを放ったが、初戦から準決勝まで19打数2安打の打率・105しか打てなかった。

力があるのに結果が出なくなるのには必ず理由がある。それは、野球をしている姿だけ、グラウンドにいる姿だけを見ていたのではわからない。

「親は全然そんなこと知らない。でも僕はどこで何してるか見てますから。だから僕はメンバー決めるのも簡単なんです。(選手のことを見ているという)自信ありますから。外れるヤツに『何もしてないだろ?』ってはっきり言います。そこで納得さすようにします。『監督、違います』って絶対言わないですよ」

指導者の見ている前だけ〝いい子〟でいても仕方がない。自分のために野球をやっているのだから。誰が見ていようといまいと一生懸命に取り組む選手を評価する。そのための判断材料を少しでも多く仕入れるために――。原田監督はいつも、どこかで選手を見ている。

原田英彦のセオリー **65**

花で息抜きをする

原田監督には、こわもての風貌からは想像もつかない趣味がある。それは、花の鑑賞だ。

「大好きです。一番の息抜きはお花。展示会とか四季折々の植物園とか、よく一人で観に行きます」

水仙と梅を観に淡路島へ、梅の盆栽を観に長浜へ。桜を観に亀岡の旧平安グラウンドへ。知る人ぞ知る、木蓮が咲く山道へ行くこともある。

観るだけではない。自らフラワーアレンジメントもする。

「生け花はルールがあるんですけど、アレンジメントは自分の感性でさせるんですよ。自由自在にできるんです。若い頃から好きでやってました」

日本新薬時代には知り合いの花屋に会社まで花を持ってきてもらい、野球の練習が終わったあとにさしていた。原田監督の手帳には、当時展示会に出した〝バスケットフラワー〟、〝クリスマスキャンドル〟と題する作品の写真が今も入っている。

「会社でフラワーアレンジメントをやったときは、オカマやって言われたんです。『建設部の原田って、野球部の原田？　ああいう人いはんねんな』って。それからは、みんな見る目が違ったですよ（笑）」

一軒家に住んでいるときは、花壇の土から変えて、彩りを考えながら四季折々の花を植えていた。目や鼻など五感を通じて、花に触れている時間が至福の時なのだ。

「心洗われるっていいますけど、ずーっと観てられるんですよ。観てる間に無心になれるんです。いろんなこと全部忘れてしまう。すごく気分転換になるんですよね」

勝利を義務づけられた平安の監督として重圧の日々。緊張感のある毎日に癒しをもたらしてくれるのが花々なのだ。原田監督の好きな花は白のオーニソガラムと白のヒヤシンス。ヒヤシンスの話になると止まらなくなる。

「特に水栽培のヒヤシンス。あれが一番好きですね。鉢植えのヒヤシンスは匂いが違うんです。水栽培の中でも特に白。青とか赤はダメ。白の咲きかけたときの匂いが一番いいんです。完全に咲いたら、匂いはスーッと消えていくんです。匂いにも癒されます（笑）」

ちなみに、白のヒヤシンスの花言葉は「控えめな愛らしさ」。原田監督にぴったり、ですかね⁉

原田英彦のセオリー 66

本物に接する

存在感、オーラ、緊張感……。相手が一流の人であればあるほど、生で接しなければわからないことがある。原田監督が長くつきあいがあったのが2018年に93歳で亡くなった文楽界初の文化勲章受賞者で人間国宝の竹本住太夫さんだった。初めて会ったときはすでに80歳を超えていたが、オーラと握手の強さに圧倒された。帝塚山の家に招かれたときは正座のまま6時間過ごした。

「後ろにずらっと台本がある前にドーンと正座されてました。『足崩しなさい』と言われたけど崩せないですよ。ずーっと話したんですけど、足の感覚がまったくない。トイレにも立てませんでした」

浄瑠璃鑑賞に行った楽屋では、ずらりと並ぶ弟子に向かって、「なんだ、今日のあれは」と激怒する場面も見た。三味線の人間国宝とケンカ腰で言い合う場面にも立ち会った。そして、何よりも忘れられないのが2014年センバツで優勝したあとのこと。竹本さんにとって引退公演となる舞台だった。当時の年齢は89歳。

「その前に一回倒れられたんです。電話しても全然しゃべれなくて、復帰は厳しいかなという状態でお見舞いにも行きました。そこから、リハビリして復帰されたんです。優勝記念のボールを持って行って右手に置いたら、ポトッと落とすぐらい麻痺していた。それでも、本番になったらすっごい勢いで声出してはったんですよ。この人、プロやなって思いましたね」

楽屋に蘭の花を持って行ったが、そうそうたる人たちから贈られた蘭が並ぶ中、日本一になったばかりの原田監督からの「叶日本一」と書かれた花を一番上のもっともいい場所に置いてくれていた。

「最後まで舞台に立ってはる人でしたね。超一流は違う。その精神をすごく学びました」

意外なところでは、歌手のさだまさしさんとも交流がある。さだまさんのマネージャーが原田監督と平安の同級生という縁でつきあいは長い。今も時間があればコンサートに足を運ぶ。

「あの人もすごいですね。『この人はいつ寝てるんやろう?』という人。飲んでいて『帰るぞ』と言うのを聞いたことがない（笑）。夜遅くまでワイン飲んでるのに、『帰ってから原稿書いてた』みたいな感じですから」

生で会い、直に接することでしか感じられないものがある。気がつくと、引き込まれてしまう雰囲気。監督として、上の立場に慣れてしまうといいことはない。自分にないものを持つ、自分より上のレベルの人と会い、自分の未熟さを知る。超一流から得られる刺激が、原田監督を鍛えている。

原田英彦のセオリー 67

甲子園解説で裏側を見る

平安が甲子園出場を逃しても、原田監督の姿は甲子園にある。

といっても、監督としてではない。毎日放送、朝日放送の解説者としてだ。

「まず、初日。スタンドから見たら、『やっぱりここへ来るべきやなぁ。しもたなぁ』っていうのと、『よっしゃ、頑張ろう』と闘志が沸いてくるのと両方の気持ちですね」

もちろん、試合を観ることで勉強になることもあるが、それよりも原田監督が観察しているのが、試合に入るまでの過ごし方や練習方法、選手たちの表情だ。甲子園大会では試合前に一塁側、三塁側とも室内練習場で10分間の取材時間が設定されている。原田監督は他の記者に交じって取材に行くのだ。

「強いチームはこうなんやなとか、初出場だからこうなんやなとか、そういうのを見るのが好きですね。日大三高は個人で練習をやっていて、大人やなぁと思いました。ウチのヤツらはクソガキ。なんでこんな違うねんと思いました（笑）。特に夏は暑さ対策がチームによって全然違うんですね。栄養ドリンクをずらっと並べてるチームもありました。『試合前に飲ませます。選手には1本6000円だから効くぞと言ってるんですけど、ホンマは2000円です』と言ってました。他にも手足がつらないような薬をずらーっと並べて、試合前に飲ませるところもある。結構工夫されてますね」

取材陣は誰に話しかけてもいいことになっているが、原田監督が狙うのは記者に囲まれていない選手。一対一でゆっくり話せるからだ。

「しっかりしゃべるなとか、感じることがあるのでおもしろいですよね」

よいと思ったことは取り入れる。その逆はチームに帰り、選手にネタとして話す材料になる。たとえ指導者をしていても、他チームの試合前の準備や表情はなかなか見られないもの。普段見られない部分を知ることで、自分のプラスにする。甲子園はどんなかたちで行っても、刺激になる場所なのだ。

原田英彦のセオリー 68

試合中はアメをなめる

勝負師にはゲンをかつぐ人が多い。

ご多分にもれず、原田監督もその部類だ。アンダーシャツは毎日洗濯して同じものを着る。ベンチで使うタオルも同じなら、ベンチで飲むものも同じだ。

「カフェオレを2本とミルクティーを1本。カフェオレは違う種類を1本ずつ。ミルクティーはミルクの多いロイヤルミルクティー。春も夏も冷たいのを飲みます」

気分を落ち着かせるため、試合前にはタバコを吸う。2014年頃に健康と自慢の大声が出にくくなってきたことを考え、現役時代から吸っていたのをやめたが、公式戦の試合前だけは〝解禁〟。公式戦用のカバンにだけはタバコを常備している。

ただ、タバコを吸ってしまうとそのあとが問題。試合中に吸えないからだ。京都大会など地方球場では吸えるが、問題は甲子園。明徳義塾・馬淵史郎監督など〝強者《つわもの》〟は平気で吸うが、多くの監督は高野連の目を気にして吸えない。そこで、口がさびしくなった原田監督が頼ったのがアメだった。

「アメにはこだわってます。カバンにいろんな種類のがいっぱいあります。自分の中でブームがあって、『よっしゃ、このアメや』と決めてそれを長いこと続けたり、飽きて変えたり、シーズンによって変えたりします。パッと取ったやつをなめたりもしますね」

今までで最高のお気に入りはカンロ飴だ。

「ミルクのカンロ飴がめっちゃうまくて、そればっかりねぶってたんです。完全に飽きました（笑）。森永のキャラメルっぽいやつも好きなんですけど、すぐなくなるのでナンボでも食べてしまうんですよね。試合中、多いときは15、16個食べますよ。だから、すぐなくなりますね」

時間があるときに100円ショップをのぞき、新しいアメを探すのがひそかな楽しみだ。

「アメをねぶってると、結構落ち着くんですよ（笑）」

原田監督にとって、アメが精神安定剤。アメが〝ベンチの友〟になっている。

原田英彦のセオリー 69

選手にあやまる

選手にことわってからサインを出した。

2003年夏の甲子園2回戦・明徳義塾戦。0対1とリードされて迎えた5回表、一死三塁のチャンスで原田監督はベンチの選手たちに向かってこう言った。

「すまんな。スクイズしていいか?」

そう言ったのには理由がある。このチームは打撃が弱く、京都大会から「(打力を磨くため)スクイズは絶対しない」と言い続けていたからだ。

「みんな『いいですよ』と言いよるんで、『せえへん言うたけど、するわ』って(笑)。バッターには手合わしました。ニターッて笑ってましたけど」

平安打線は4回まで1安打無得点に抑えられていた。打者は八番の原康彰。点を取るにはバントしたほうが確率が高い。もちろん、エース・服部大輔ならある程度抑えてくれるという自信と信頼もあった。1点勝負になると踏んで、確実に1点を取りにいったのだ。約束とは違うサインだったが、原はきっちりと右投手が処理しづらい投手右前（三塁寄り）に転がし、同点に追いついた。結果的にこの1点は効き、2対1で前年優勝校を破っている。

高校野球といえば、監督は絶対。前言や約束など関係なく、「サイン通り動け」と言うこともできる。だが、それでは信頼関係は生まれない。監督が言うこと、やることがすべて正しいとは限らないからだ。だから、原田監督は、たとえ試合中でも自分が失敗したらあやまるようにしている。

「『しもた。1球遅かった』とかありますよね。そういうときは、『1球前に走らせとくべきやった。すまん、すまん』と言います。こっちのミスはミスでね。ヤツらも『何してんの。点取らへんの』って思ってると思うんですよ」

采配ミスでチャンスを逃したときは、流さずにその場ですぐ認める。カバーしてくれるようにお願いする。

「流れが向こうに行きそうなときは、『すまん。今はオレのミスや。この回しっかり守れ。そうせんと流れが向こうに行くで。頼む』って。そう言ったりすると、みんな『よっしゃ』って思いよるし、士気もグッと上がると思うんです。点を取れなくて、こっちが知らん顔してブスッと座ってしまうと、雰囲気が悪くなる。雰囲気を大事にしようというのはありますね」

選手は監督の表情を常に見ている。指揮官がイライラすれば選手に伝わる。ベンチの空気が悪くなれば、それは必ずプレーにも影響する。監督がどんな表情で、どんな態度でいるかは周りが思っている以上にチームの勝敗にかかわるのだ。

「若いときはそうじゃなかったですね。若いときは子どものせい。『お前がこうせんかったからや』みたいなこと言ってました」

監督だからといって、変なプライドは必要ない。必要なら前言撤回する。失敗は認めて、選手にお願いする。結果的には、それがチームの雰囲気を変えることにつながるのだ。

原田英彦のセオリー 70

室内練習場でフリー打撃はしない

とにかく数を打つ。それが、近年の高校野球の練習だ。

だが、原田監督は質にこだわる。ただ打てばいいという考えはない。

「室内っていうのは、感覚がまったく別物になってしまうので、打ってる感覚がないですよね。どこまで飛んでるのかとか、どんな勢いでいってるのかとか」

金属バットだと室内に響く音にだまされることもある。そんなこともあり、原田監督は現役時代から自身も室内で打つのは好きではなかった。

「（室内練習場がなく）雨の日はジプシーだったんです。NTT関西を借りたり、京都西（現京都外大西）を借りたりしてました。自分は嫌だったんで、室内練習場に行ったらあんまりバッティングはしなかったですね」

これに加えて、平安の室内練習場の事情もある。屋根が低いため、投げにくい。先輩の打撃投手を務めた下級生がストライクが入らずに先輩に怒られ、イップスになったこともある。

「そんなこともあるので、雨天練習場で練習するのは嫌いなんです」

この影響が出たのが2014年の夏の甲子園だった。この年は台風が直撃して開幕が2日順延。開会式直後の試合を引いた平安には大打撃だった。室内練習場では打撃練習をしないため、2日間ほとんど何もできないまま試合当日を迎えた。緊急災害速報が出たほどの大雨で宿舎から出られなかった事情もあったが、打つ練習ができたのは開会式前に甲子園室内のブルペンで行ったティー打撃ぐらい。春日部共栄相手に7安打で1点しか取れずに敗れた。

大会中に雨が続くと苦しくなるが、それでも室内でのフリー打撃はしない。自分の感覚を信じ、徹底するのが原田監督なのだ。

原田英彦のセオリー 71

営業経験から学ぶ

がむしゃらに働いたからこそ、気づくことは多かった。

日本新薬で31歳までプレーした原田監督。引退後は営業部に配属された。病院を回り、薬を売り込む。野球で培った体力と粘り強さを活かして、夜遅くまで歩き回った。

「一番の激戦区、大阪支店に放り込まれました。ノルマがあるんです。1錠1円何銭の世界ですよ。困ったなと思ったら、『お前、14年も社会人やってるんやからベテランや』と言われて。日報のつけ方も精算の仕方も誰も教えてくれないんですよ。最初はしんどかったですね」

勝負師の鋭い眼光と筋トレで鍛えた大きな身体。女性が多く働く薬局に営業に行くと「怖いから近寄って来んといて」、「あんた来たら暑い」と言って避けられた。

「『笑う練習したら?』とかよう言われました。笑ってるんですよ。それなのに『笑ってないやんか。

鏡見てみ』と言われて。家帰ったときや会社出るときに笑う練習とかあいさつの練習をしましたね」

そんな原田監督が営業に利用したのが野球だった。中小病院の草野球チーム3つに入り、土日は朝5時半から試合に出た。試合が終わると別のチームの試合会場へ移動してまた試合に出る。ダブルヘッダーどころかトリプルヘッダーも当たり前だった。

「僕はピッチャーできますから、『僕が投げます』と。『完封したら1000錠、打点5で1000錠、ヒット3本で100錠お願いしますよ』って約束するんですよ。そんな営業の仕方してましたね」

担当病院の医者が所属する地元のロータリークラブの野球チームのコーチをすることもあった。野球のおかげで距離が縮まり、仕事につながる。営業のおもしろさがわかってくると、考える幅が広がり、気づけることが多くなった。

「みんなと同じことするのが嫌なので、夜回ってましたね。開業医なら8時ぐらいまで夜診があるでしょ。その終わりがけを狙う。誰も行かないんですよ。そうすると『こんな夜になんや。よう頑張ってるな』とインパクトを与えられる。大きい病院は宿直があるので夜行くと結構暇なんですよ。そこに京都の漬物を持って行って、いろんな話をしたりとか。そんなん結構得意やったんです」

営業は人間関係がすべてといってもいい。顔と名前を売るだけではなく、何をすれば喜んでもらえるかも考えた。入手困難で知られる京都南座の都をどりのチケットを手配したり、担当医やその人の奥さん、子どもの誕生日を調べ、自宅に直接お祝いのお花を持って行ったりもした。家を訪ね、門扉がさびているのを見つけたときは、ペンキ塗りを買って出たこともある。

「作業着を持って行って、ケレンでさびを落として、さび止めを塗って、仕上げのペンキを塗る。選手時代は建設部におったんで、ペンキ塗りは得意やったんです。いろんな先生のいろんなニーズに応えるようにしてましたね。いまだにおつきあいのある、応援してくれる先生はいますよ」

好きな野球を13年間もやらせてもらった会社に対する恩返しのつもりで、仕事に没頭した。当時は再び野球にかかわることは考えていなかったが、今になって思えば、営業の経験が大いに役に立っていると感じる。

「人との接し方とか、話の仕方とか、戦略の考え方とか、創意工夫したことは活きてますよ。営業に出て、野球以外のことにも気がつくようになった。監督としても、いろんなことが考えられるようになったと思います」

自分ができることで、相手のためになることは何か。自分がやったことがないことでも、できることはないか。どうすれば強い印象を与えられるか。売ろうとしてばかりいても売れない。相手のために何かをすれば、結果的に売り上げにつながる。専門外の分野で多くの人と接し、頭にも身体にも汗を流したことが、視野を広げ、人として成長することにつながった。本格的に営業マンとして働いたのは1年。だが、その1年が、他の監督にはない原田監督の強みになっている。

原田英彦のセオリー 72

選手は子ども、厳しいオヤジでいる

時代とともに、親が変わってきた。原田監督の親との接し方も変化している。

「就任時は、親が見に来てたら『こんちは』ってあいさつしてたんです。そしたら、いらんことが耳に入ってきた。『あいつが使われてるのは、あの親と監督が話してるからや』って。これは怖い世界やと思って、そっから話すのはやめとこうと無視するようになりました」

しばらくはそのスタイルを貫いてきたが、親が年下の世代になってきたこともあり、以前よりは話すようになった。

「やっぱり子どもの情報がほしいんですよね。（親のかぶるおそろいの）帽子に名前が書いてあるので、それを見て『最近、アカンはあいつ。全然スイングもしとらへんやろ』とか話し出したんです。『監督にしゃべってもらえる』みたいな感じでみな寄ってきます。親もニコニコしてます。ただ、（卒業式の日にある）謝恩会で初めて見る親はいっぱいおりますし、そこで会うのが最初で最後という人もおります。街で会って声かけられても『どちらさんですか？』ということも多いです」

そんな原田監督が頭を悩ませているのが親と子どもの関係の変化だ。

「親の感覚が自分の子どもじゃなくて、アイドルを見るときみたいにキャッキャ言い出したんですよね」

平安ボールパークでは親はネット裏に立ち入り禁止。外野かグラウンドの上から見ることになっている。一塁側の平安ベンチからちょうど見える位置だが、原田監督に見られているのも忘れ、騒いでいる親が散見されるようになった。

「一時期、双眼鏡でのぞく親もいました。そのときはアップをしてたんですけど、（親のいる場所から）30メートルぐらい下でやってるんやから肉眼で見えるじゃないですか。しかも、夫婦で自分の子どもしか見てない。マネージャーに帽子の名前を見に行かせて、その子どもを呼んで、『ずーっとお前追ってるぞ。手振ってみ』と。そしたら、『キャー』って言うんです。『見てみ。ずっとアップで見られてる。嫌なことないか？　みっともないからやめろと言っとけ』と。それからやめよったですね」

ここまで極端でなくても、ベンチから気になれば選手に言う。

「『あれはどこの親や？　ケータイばっかり触っとる。恥ずかしいことするな。何しに来たんか言うとけ』って。『来てない親がいるから（情報や写真を）送ってあげてる』って言うんですけど、『そんなことせんでええ』と。次からはやらないです」

セオリー37（132ページ）で紹介しているように、原田監督はあえて京都府内の学校と練習試合をせず、情報管理を徹底している。だが、親がどこかに送れば情報が漏れてしまうことがある。今はSNSで簡単に情報が広がる時代。中学時代のチームで顔見知りの親同士で何気なく情報交換したことが、大きな問題になる可能性もあるのだ。

自宅からの通学生にはこんな親もいた。あるとき、忘れ物をした選手に理由を訊くと、「僕は用意してません。親がしました」。それぐらい、親がなんでもやってあげるのだ。昔とは時代が違うとはいえ、ここまできたらやりすぎ。こんな現実が目の前にあるから、原田監督は人間教育に力を入れる。

「昔は子どもと大人の会話ができましたけど、10年前ぐらいからどんどん低年齢化してますよね。今は高校生でも10歳ぐらい、小学校4年ぐらいの感覚で接してます。人間形成できるのは3歳まで。あとは小学校低学年までやと思います。そこまでの教育をどうするか。僕も結構凝るんで、文科省から資料集めたりもしましたし、警察や消防に話を聞きに行ったり、小学校の授業を観に行ったりもしました」

小学校の授業ではこんなことがあった。授業中にもかかわらず、帽子をかぶっている子がいた。先生になぜ注意しないのか訊くと「注意したらいつも騒ぐんです」とのこと。ケガをして傷を隠しているわけでもないという。原田監督はその先生に「怒らなダメでしょ。騒いでもこれはアカンというのを言わなダメでしょ」と言ったが、「親が『そのままにさしてくれ』って言ってくる。そう言われたら言えません」と言われた。

「僕は左利きですけど、小学校1、2年生のときに怖い先生がいて、左で字を書いたら『字は右で書くんや』としばかれました。右に直されたんですけど、今ふりかえったら、そういう教育もよかったって思うんですよね。日本人のあるべき姿っていうかね。それが今ないんです」

ダメなものはダメと言ってくれる人がいない。高校生になってからでは手遅れとの思いはあるが、それでもやらないよりはいいと思って指導している。その中で原田監督が心がけているのは、一人ひとりの子どもを見て言い方や怒り方を変えること。子どもの言動をよく見て声をかけるようにしている。

「育ってきた環境が一番大きいと思うので。昔はみなほとんど同じように育ってきましたけど、今は母子家庭、父子家庭が多いじゃないですか。その環境の中でヤツらに何が足りないかっていうのがあるんですよね。母性愛とか父性愛とかってありますけど、中には『怒られたい』って子もおったんですよ。なんでこいつはチョロチョロ怒られることばっかりするんやろと思ってたんですけど、怒ったらめちゃくちゃ張り切るんですよね。その子は母子家庭で父親がいなかったんです。それで、『ああ、そうか』と。だから、まず育ってきた環境を調べます。その影響があからさまに出ますから。今はホント野球が3割。そういう教育が7割を占めますよ」

野球を犠牲にしてでも、人として大事なことを教えてやる必要がある。それが今の世の中だと感じている。

「今の時代って、どつきまわせないですから、怖い存在がないじゃないですか。コーチがナンボワイワイ言ったって、『どつかれへん。しばかれへんわ。言うとるだけや。ほっとけ』みたいな風潮なんですよね。だから、余計に怖い存在をつくっとかなアカンと思うんです。僕だけは怖い存在でおらなアカンなって」

原田監督にとって、選手たちは子ども。預かった以上は、一人の男として成長させて送り出してやりたい。そんな想いがあるから、親以上に厳しくするのだ。

原田英彦のセオリー73

進学する厳しさを教える

息子のつもりで選手たちと接する原田監督。もちろん、進路の面倒も見る。部員全員の世話を一人でするため、かなり骨の折れる仕事だが、困ったことにそれが当たり前だと思っている親が多い。それが、原田監督にとって頭の痛いところだ。

進学する厳しさには2種類ある。まずは、有名大学や強豪大学に入学する厳しさ。

「全体的に動きが早くなってますね。早くに大学の監督も観に来られますし。進路はセンバツに出ると出ないで大きく違うんですよね。センバツに出ました、ベスト4になりましたとなれば大学が広がります。ところが、夏の大会はナンボ頑張っても、そこまでに全部決まっちゃってる。夏の実績は関係ないんですよ。言葉は悪いですけど、早い者勝ちのところがある。だから、センバツに出れないときは年が明けたらすぐ動きます。そのために、2年の秋に面談して、冬にもう一度面談して、おおよその方向性を決めておきますね」

日本を代表する投手の菅野智之（巨人）や千賀滉大（福岡ソフトバンク）、打者の柳田悠岐（福岡ソフトバンク）、鈴木誠也（広島）らがそうであるように、甲子園に出ていない選手の中にも能力の高い選手はたくさんいる。その中で枠の取り合いをしなければいけない。親は簡単に「先輩が行ってるからあの大学に行ける」と考えるが、そんな甘いものではない。大学との関係にしても、たとえ遠方でも監督自ら何度も足を運び、時間もお金もかけて築かれたものであることを忘れてはいけない。

「3人か4人しか枠がない大学もいっぱいありますからね。大学としても今年の補強はピッチャーがほしいとかキャッチャーがほしいとかあるじゃないですか。そこと合致せないかんし、実力がなかったらいかんですよね。ウチで試合にも出てないのに、『六大学に行きたい、東都に行きたい』というヤツはたくさんいます。親もそう言いますけど、行けるわけないですよね。それと、大学を考えるときに、その子に合うカラーというのは確実にあります。進路指導するときは、そうしたことも説明して子どもにアプローチしますけど、高校生はまったくわかってないですね」

大学の名前やイメージだけで希望する選手がほとんどだが、高校野球のように丸刈りで規則の厳しい大学もあれば、自主性に任されている大学もある。どんな選手を好み、どんな野球をするのかという監督の特徴もある。それに加えて、学力の問題もある。進学しても、卒業できなければ意味がない。原田監督はそれらを説明して、選手に考えさせるようにしている。

「進学に関しては自立さすのが大前提。だから、あんまり親入れて話しないんですよ。親の意向が勝ってしまう。子どもの本音が聞けないんで。今は自分で調べられますよね。子どもに『大学はどういうものなのか、本気になって考えてみ。ここへ行きたいというのを調べてみ』と言うんです。『親がそう言うてますから』と言うヤツには、『それやったら行くな』って。せっかく決まっても、あとから周りに入れ知恵されて、進路変更したいというヤツがおるんです。これが一番困ります」

それと、忘れてはいけないのはお金の問題だ。学費に加え、遠方なら寮費や家賃がかかる。大学からは木製バットになるため、道具代もバカにならない。4年間で軽く1千万円はかかる。

「今は自分の親の仕事がわからない子がいるんです。訊いたら、平気でわかりませんと言いよる。あるお父さんは必ず試合を観に来てたんですけど、子どもに訊いたら、『会社は近くらしいです。バイクで行きます』と。『お父さんはお前のために頑張ってはんのや。一回訊いてみ』と言ったら、『営業らしいです』。どんな会社でどんな仕事をしてるのかわからない。『(東京の) 大学に行かすのはしんどいけど頑張る』って言ったらしいですけど、それやったら行くなと」

親の職業を訊くと「個人情報だ」と言って拒否する風潮が広がっている。平安でも職業だけでなく、緊急連絡先となる携帯電話の番号を教えない親もいる。だが、「プライベートに立ち入るな」と言う親も「もっと子どもの面倒を見てくれ」「もっと関心を持ってくれ」と求めてくる。子どもをより理解するため、何に悩んでいるのかを知るためには、どんな環境で生活しているのかなど最低限の情報がなければならない。原田監督は、興味本位ではなく、必要だから訊いているのだ。なぜ、その大学に行くのか。将来は何がしたいのか。大学で野球をやるにはどれぐらいお金がかかるのか。高校3年生になって、何も考えていないようでは困る。

もうひとつ、原田監督が伝えたいのは大学で4年間野球をやり切る厳しさだ。

「大学の数はたくさんありますから、選ばなかったら行けるんです。ただ、自分の実力をわからないかん。本人は野球したい。親は野球をやらしてあげたい。それだけでいいのか。僕はそうじゃないと思うんですよね。よく言うのはお金の無駄、時間の無駄なんですよ」

なぜ、そこまで厳しく言うのか。それは、現実を知っているからだ。

「高校では手厚くしてもらえますけど、大学に行ったらワイワイ言われない。自分でやらないと相手にしてもらえないですよね。その他大勢になってしまいます。バッティングにも、ノックにも入れてもらえない。適当に練習する。試合になれば、いろんな球場まで自分でお金を払って電車に乗って行かないといけない。そうなったときに、自分をどう確立していくかです。3年にもなったら自分で就職活動しないといけない。勉強して卒業もしないといけない。それなら自分のことを考えて、もう少し早く行動に移したほうがいいと思います」

就職すれば年収250万円でも4年間で1千万円稼げる。逆に私立の大学で野球をすれば1千万円はかかるのだ。プラスマイナス2千万円の差がある分、価値のある時間にしなければいけない。原田監督は、その覚悟があるのかどうかを言っているのだ。20歳になればお酒も飲める。ギャンブルもできる。目的がなければ周りに流されてしまう。

「『4年間補欠。それでもいいの？』と言っても、『いいです』と言うんですよね。わかってないです。『ウチで頑張れなかったヤツがどないしてやるの？』って言うんですけど。そういう子が幽霊部員になって、すーっとやめるんです。そこを僕は一生懸命、彼らに話すんですけどね。中学からなんの苦労もせず高校に入れます。苦労せんでも大学に入れる時代ですよ。そのレールに乗っかってるだけで自分の意思がまったくない。だから大人になれない。僕はそこを一番危惧しますよね。平安でやってきたというプライドを持って、出ていってくれないと」

理想論を言う人は多いが、現実を教え、厳しさを教える人はなかなかいない。原田監督があえてそうするのは、その選手のことをわかっているから。将来の予想ができるからだ。

「3年間、その子がどういうふうに過ごしてきてるか僕は一番よくわかってるんです。親はまったく見れてないです。だから、僕を信用してもらいたいと思いますよね」

原田監督は、根拠があるから言っているのだ。「選手のことを毎日、本気で見ている」と自信を持って言える。だから、頑張れる子には「お前なら頑張れる」と言うし、全力で応援する。無理な子には無理とはっきり言う。それが、原田監督にとってのやさしさ。厳しいこと、言いづらいことを言うのは、本当の愛情がないとできない。

原田英彦のセオリー 74

残すべき伝統は守る

「ここまで落ちたんか。誰がここまでにしたんや」

1993年秋、原田監督が監督に就任したときに抱いた想いは怒りだった。少年時代、あこがれた平安の姿はどこにもない。とてもじゃないが、現状を受け入れられなかった。

平安には学校の横にある西本願寺の周りを走るランメニューがある（1周1・25キロ）。原田監督の現役時代は冬場のアップで10周を他の選手との競争で走っていたが、就任当時の選手たちはその半分ですら文句を言った。

「『5周走れ』と言ったら『5周も走るんですか？ 5周走ったことないです』と。タイムを計ってたら、全然バラバラなんですよ。おかしいなと思ってたら、学校から事務の人が走ってきて、『監督さん、今本願寺から電話がありまして、境内を走るのはやめてくれと言われました』って。ショートカットしとったんです」

　学校から亀岡グラウンドに行くバスでは、ベラベラしゃべりながら、お菓子を食べ、炭酸ジュースを飲んでいた。

「『何しとんねん』と言ったら、『腹減りますやん』と。『腹減るって、お菓子食ったらアカンやろ』と言ったら、『お菓子しかありませんから』ですから。『バカヤロー！　お菓子も炭酸も禁止や！』と怒りました」

　言われた直後こそ言いつけを守っていたが、しばらくすると選手たちはお菓子、炭酸を自主解禁。堪忍袋の緒が切れた原田監督は、彼らをバスに乗せず、亀岡グラウンドまで自力で来るように命じた。そして、ある日のこと。学校で会議があった原田監督が遅れて車で行くと、選手たちがコンビニから出てきた。パンを食べ、ジュースを飲みながら歩いている。知らん顔して抜かし、グラウンドでノックを打っていると、その選手たちがいかにも走ってきたかのように息を切らしながら「今着きました」とやってきた。

　グラウンドでも驚くことばかりだった。練習では、選手たちの足元を見て目を疑った。汚れたスパイクを平然と履いていたからだ。

「『スパイク磨け。黒墨塗って、ハケで磨いて、布でふけ』と言ったら、キャプテンが『そんな金ありません。買わなアカンすか？』と言いました。『練習やからええやないですか。試合用は試合用で置いてあります』って。『磨いたほうがぴかっと光ってカッコええやろ』と言って買ってやらしましたけど」

平常がこうだから、雨の日はもっとひどい。汚れているどころか、ボロボロのスパイクを履いていた。しかも、そのうちの3人は裏の金具がないスパイク。理由を訊くと、「今日雨ですから。傷むんでもったいないです」という答えだった。

「毎日、ずっとそのくり返し。やれ言うてもやりよらへん。くさってましたね。ホンマ終わっとった。失望しましたね」

取り組む姿勢や意識だけではない。技術もなかった。監督就任時の上級生10人のうち、まともにキャッチボールができたのは2人だけ。心技体のすべてが平安ではなかった。

「そのときに自分自身で課題を挙げていったんです。あいさつの仕方、グラウンドに入る姿、道具の手入れの仕方、キャッチボールの仕方、バットスイングの仕方、捕球の仕方……。全部で61個ありました。その61個をできるものから並べていって、一つひとつ消していきました。ひとつなくなった、ふたつなくなったと思ったら、またふたつ増える。なかなか減らなかったですね。途中で嫌になりました（笑）」

今でも「半分ぐらいできていない」と言うが、原田監督が重視するのは、やはり昔から大事にされてきたこと。伝統校を率いる立場として忘れてはいけないことばかりだ。

例えば、合掌礼拝。平安ナインはグラウンドあいさつする際、合掌して身体を45度に折り曲げて頭を下げる。

「グラウンドに入るとき、出るとき。礼に始まり、礼に終わるですよね。僕が来たときも一応はやっとったんですけど、おかしかった。やっぱり、45度やろと」

アップ開始時のランニングの始め方にもこだわりがある。三列に並び、先頭のキャプテンの発する「左、左、左」の声で歩きながら足を合わせる。その後、「足、ロング、オー」のかけ声で出ていくのだ。

「僕が中学のとき練習を見てた平安もそうだったし、僕が実際に入学して見たキャプテンもそうだった。すっごいカッコよかったんです。ひとつ上のキャプテンも僕らのときもそうだった。だから今もそうなんです。これは僕が帰ってきたときにさせて、それが続いてます」

グラウンド整備も土がサラサラになるまで徹底的にやった。2000年代前半のあるときはグラウンドの状態があまりにも悪く、手で整備をさせたこともある。

「トンボを使ってもまったくきれいにできてないので、『お前ら、トンボいらん。手でやれ』って。広陵の中井（哲之）監督がそういうこと言ってたので、それもええなと。全員手でやらせました。人数がおったので3時間ぐらいで仕上がりましたね」

道具もそうだが、恵まれた時代になり、選手たちの手入れ、整備へのこだわりは薄れている。

「自分のポジションは自分でこだわれと言いますね。今の子ってこだわるヤツいないです。昔はレギュラーのヤツはこだわって最後まで自分で見てやっととったんですけどね」

グラウンド整備の意識が低い選手は気がつかない。内野手の場合、試合中にグラウンドが荒れてきても気づかない。

「僕はファースト守りましたけど、ランナーがリードする場所は一番荒れるじゃないですか。ピッチャーが1球投げたら前に行ってならしてました。そういう意識を持たないとダメですよね。今の子は『自分のためやで』と言ってもやらないので、『そういうパフォーマンスって、人から見たらめちゃくちゃカッコええで』って言うんです。そしたらやるんですよ（笑）。こういうことって、野球に対する習慣やと思うんですけどね」

現在の平安ボールパークは滋賀・皇子山球場で整備を担当していたOBが整備車を使ってきれいにしてくれる。整備に意識も時間も注ぐ必要がなくなった。その分、原田監督がこだわるのがライン引きだ。一塁、三塁のラインがどれだけきれいに引けているか。必ずチェックする。

「雨の日のあとなどは整備ができていないので、グラウンドがガタガタのこともあるんです。それを最初に整備してラインを引く。ゆがんでたらやり直させてきれいに直します。ラインだけは絶対まっすぐ引かせます。嫌なんですよ。西京極とか太陽が丘とか球場に行ってもラインがゆがんでたら『引き直してください』って言いますよ。ノックするときにわかりますからね。整備のおっちゃんに『こんなラインで野球できません』って」

平安ではライン引きは捕手が担当。1年生のうちから練習する。

「『ラインはキャッチャーが描けるようにせえ』と言います。3年になったらみなビシッと引きますよ。キャッチャーは扇の要。一番感じないといけない。ラインがきれいかどうかすら気づけないヤツは、キャッチャーは無理ですね」

原田監督の言う一つひとつのことは細かいことかもしれない。小さなことかもしれない。だが、小さなことを地道にコツコツ積み重ねていかなければ、大きな成果にはつながらない。

「できることからやるということですね。小さいことがないと大きいこともできない。まずはやっぱり基本ですよ。いい結果、派手なことばっかりクローズアップされるので、そのためにこういうことをせなアカンというのがなかなかないので」

調べものをするのでも、スマホで検索すれば一瞬でわかってしまう時代。すぐに結果が出ることに慣れた子どもたちに、すぐに成果が見えない小さなことをやらせるのは骨が折れる。しかも、今は頭ごなしに「やれ」と命令できない時代。時間も手間もかかる。それでも、昔から伝わる大切なことは妥協せずにやり続けていきたい。

「先輩方がつくられてきた歴史、伝統というのは何かのかたちで継承していかないかんと思います。実際、それを今の子たちに話してもわからないですよ。ただ、僕はずっと平安にあこがれてきた人間なんでね。時代は変われど、そういうことは引き継いできてるつもりだし、崩したくない。僕が死んでも何か伝わるようにと思うんです。そういう任務が僕らにはあると思います。平安のよさだけでなく、野球のよさも伝えてやらないかんと思うし、今の子らが次の少年に伝えて、その少年らがまた次の少年らに伝えて野球を守っていく。そうなるように続けてやりたいなと思います」

平安に伝わる平安にしかないよさ。野球界に伝わってきた野球のよさ。「平安で野球をしてよかった。野球をやってよかった」と思えるように——。

先人たちの思いを汲み、原田監督は今日も伝統を継承していく。

原田英彦のセオリー 75

日本一の平安ファンであり続ける

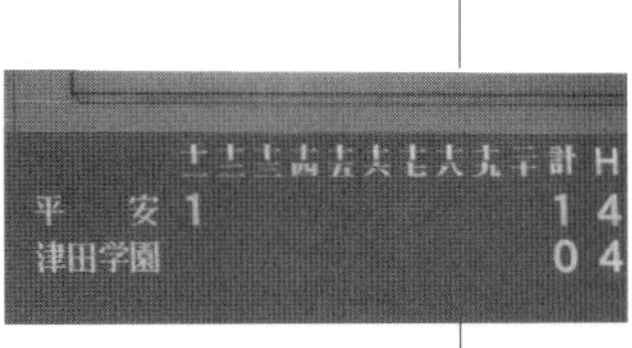

想いが強い。強すぎる。

熱すぎる感情があふれ出るのが原田監督だ。目の前で起きていることにはもちろん、過去のことを思い出しているときにも涙が出てくる。試合中だろうが、選手に話しているときだろうが、目の前にテレビカメラがあるときだろうが関係ない。いつでも同じだ。年を取って涙もろくなったわけではなく、監督就任当初から変わっていない。

１９９７年夏の甲子園では、準々決勝の徳島商戦の試合後に涙を流した。泣いた原因は10回表一死満塁で決勝の三塁打を打った奥井正憲。奥井はその春のセンバツ準々決勝・報徳学園戦で、２対３で迎えた８回裏無死満塁の絶好機にファーストゴロ併殺打に倒れていた。

「あの試合は大雨でべっちゃべっちゃ。グラウンドは池やったですから、どこに打っても1点入る状況だった。それが、一番アカンとこに打ってゲッツーですからね。それからあいつは、一人残って、校舎の陰の誰も見えないとこでずーっと振っとったんですよ。カーブが苦手でカーブに泳ぐ子やったんですけど、徳島商のときはそのカーブを引きつけて腰を回しよったんですよ。しかも初球です。ヤツの強い気持ちに感動させられました」

2008年春のセンバツは、4月1日から校名が平安から龍谷大平安に変わることが決まっている中での出場だった。お立ち台で「創部100年、最後の平安、ラスト平安」と言われるたびに涙ぐんだ。敗れた準々決勝の試合後には、涙ながらに選手たちに頭を下げている。

「ホンマによう頑張ってくれた。最後の平安を甲子園に連れてきてくれてありがとう。お前らのこの甲子園は一生忘れんからな」

18年夏は100回大会で100勝を公言した中での出場。鳥取城北をサヨナラで破ると涙が出た。お立ち台に上がるときには、すでに目に涙が浮かんでいた。インタビューの第一声では「いやー、ほんっとうれしかったですね」と声が裏返った。このインタビュー中には、2点差を追いつかれた8回裏、なおも一死一、三塁の場面で登板して好投した北村智紀についで問われたときも「あの子……そんなに気持ちが強い子じゃなかったんで……堂々と投げてくれたんで……成長がうれしいですね」と言葉が途切れ途切れだった。

想いの強さがとめどない涙になる。春夏100勝を遂げた原田監督は、サヨナラの瞬間に泣き、校歌を聴いて泣き、アルプス前で泣いて、インタビューでも泣いた

「（試合中に）北村が抑えて帰ってきたときも泣いてました。ホンマ精神的に弱いヤツやったんで。あんな場面で出て行って、ものすごく心配やったんですよ。ブルペンから直接マウンドに行かさんと、一回呼んだんです。『おい、楽しめ。目立てよ』と言って送ったんです。たぶん聞いとらへんと思いますけど（笑）」

数ある原田監督の涙の中で、個人的に忘れられないのが11年夏の甲子園2回戦・新湊戦の〝タッチアップ事件〟での涙だ。９回裏無死二、三塁から一番・戸嶋一貴のレフトライナーで三塁走者の柴森雅人がタッチアップをして生還。ところが、新湊のアピールプレーで柴森は離塁が早いと判定されてアウトになった。リプレーを見たテレビの解説者も首をひねる判定に原田監督は何度も主審に抗議の伝令を送ったが、判定は覆らない。試合にも敗れた。取材でこのときの話を聞いたのは14年だったが、原田監督はきのうの出来事かのように話しながら声を詰まらせた。

「あいつはずーっとボーンヘッドが多くて怒ってた選手なんです。それが、夏の大会前になっていい走塁ができるようになった。『お前、ようなったな』ってほめたんです。あのときも、僕ははっきり見てました。あれだけ余裕を持ってスタートしよったのに、なんでと」

高校野球ではしばしば誤審が起こる。誤審に泣かされた監督を何人も知っているが、審判に文句を言う人はいても、選手の心情を慮って涙を流す人はいない。しかも、３年後に思い出しての涙なのだ。親よりも子どものことを想っている証拠だろう。

なぜ、ここまで選手のことを想えるのか。それはもう、愛のひとことに尽きる。平安愛に。

「まず僕は高卒ですから。平安しかないってことですね。小さい頃からテレビで観てましたし、足しげく甲子園に通いました。ラジオ中継は全部テープで録ってました。あのときのあの試合でセンターの人が怒ってたとか、平安の試合のことは鮮明に覚えてます。何より、ナイターで青光りするユニフォームはたまらなく好きやったですね。カッコええなって。今もベンチから子どもが出とる姿を見て、カッコええなと思うんですよ。それを見るのが楽しみなんですよね。そういう想いはずっとある。冷めることはないですね」

少しだけ冷めたことがあったとすれば、校名が変更になったこと。この本の原稿にあえて龍谷大平安と書いていないのは、原田監督の想いを汲んでいるからだ。ユニフォームの件でも触れているが、原田監督の「平安」への想いは半端ではない。19年のセンバツではこんなことがあった。この年の春、甲子園のスコアボードがリニューアルされたのに伴い、出場校に校名表記についての問い合わせがあった。甲子園のスコアボードに表示できるのは4文字。校名変更以降は「龍谷平安」となっていたが、ここぞとばかりに変更を申し出た。

「チャンスやと思って『平安にしてください』と言ったんです。そしたら、1回戦で『平安』って出たんですよ。もう涙出ました、ベンチで。後ろ（のスタンド）に教え子とか同級生とかおったんで、『おい、写真撮っとけ。何枚も撮っとけ。平安をきれいに撮れよ』って言ったんです」

津田学園を破って2回戦に進出。ところが、次の試合では「龍谷平安」に戻っていた。

「1回戦終わって、龍大からクレーム出たんです。『なんで平安なんや。アカン』って甲子園に直接言ったらしいんです」

原田監督の中では、平安と龍谷大平安は違う。龍谷大平安ではダメなのだ。ちなみに、明治神宮大会では一文字表記だが、このときは「龍」と表示されていてがっかりしていた。

「最近、中学生が『龍谷の監督や。龍谷平安の監督や』と言うんですよ。『ちょっと待て。オレは平安の監督や』と言います。それぐらい嫌なんですよ」

そんな原田監督だから、身のまわりの物も平安であふれている。甲子園出場時に自らデザインして作るTシャツ等を普段着にしているだけでなく、私服も「H」の文字がデザインされているものを買う。キーケースも「H」のマークだ。

「全部Hですよ（笑）またHやって、みな言いますよ」

自他ともに認める日本一の平安ファンの原田監督だが、監督にはなりたくてなったわけではない。むしろ、やりたくなかった。その証拠に、二度も断っている。

「まったくする気なかったんですよ。僕が現役でおった前後の1年含めて、5年間で監督が3人代わってるんです。僕が高校3年のときは優勝候補筆頭だったのに3回戦で負けたんです。そしたら帰りのバスにファンが乱入してきて、僕らは傘でどつかれるし、監督はバスから引きずり降ろされた。『先に帰ってくれ』と言われて帰ったんですけど、3時間たっても帰って来なかったんです。それを見てるので、絶対嫌や、誰がすんねんと思ってたんです。それに、会社もやめたくなかったんですよ。13年間も好きに野球やらしてもらって、絶対恩返ししようと思ってました。ちょうど営業の仕事がおもしろくなってきたところ。やめたら生活の保障もないですし、嫁さんも子どももおりましたからね」

気持ちが変わったのは、恩師のひとことがあったからだった。日本新薬にスカウトしてくれた西垣一監督にこう言われたのだ。

「今、平安は弱いやないか。京都は平安をなんとかせないかんぞ。お前、野球に恩返しするという考えを持ったらどうや」

そこからいろんな人に相談したが、決め手となったのは同級生だった。「2、3年でクビになったらどうすんねん」と言う原田監督に、「応援する。クビになったら、仕事はオレらがなんとかしたる」。仲間たちの力強い言葉に後押しされて引き受けたのだ。

「最初は『しもた』って思いましたね。どうしていいのかわからないんですよ。前の監督は引き継ぎしてくれないし、何もわからない。誰に訊いてもわからない。最初の1か月ぐらいはめちゃくちゃ悩みましたね。やっぱり、仕事してたらよかったたって後悔しました」

そんなスタートから、早や27年。平安硬式野球部史上、歴代最長監督になった。なぜ、ここまで続けられているのか。それは、監督を仕事ではなく、使命だと思っているからだ。

「仕事だと思ったら絶対嫌です。こんな仕事は精神的にまいってしまいますよ。よっぽど強くないと無理やと思います。僕に監督の話が来たときは平安が低迷期でどん底でした。『この平安をなんとかせないかん』。自分がそういう使命をもらったんだと。平安が好きだから、自分がなんとかしたいと思って引き受けたわけです」

『プロローグ』で触れた事件だけではない。センバツで優勝した14年の夏。甲子園開幕戦で敗れると、学校に「原田やめろ。辞表を出せ」という電話や手紙が大量に来た。中には、辞表の書き方を指南した手紙まであった。17年の秋にはスタンドからゴミを投げられた。ネット上でボロクソに書かれることはしょっちゅうだ。

「スタンドからローソンの袋を放られたんですよ。『ボケ、コラッ』と言ったんですけど、またこれ撮られたらアカンなと思って。横にいた森村（俊輔部長）に『どのおっさんか見とけよ』と言うたんですけど、探せなかった。ホンマに情けない思いしました。阪神の監督じゃないんですから。なんでここまでされなアカンねんって思いますよ」

文字通り、身を粉にして平安のために奮闘しているのだ。好きでなければやっていられない。いや、たとえ好きでもやっていられない。

ここまでやってきた原田監督だからこそ、叶えてほしいことがある。それは、甲子園で優勝して涙を流すこと。あれだけ人前で泣いている原田監督だが、平安の優勝を見て泣いたことはない。夏3度の優勝（38、51、56年）は原田監督が生まれる前。14年にセンバツで優勝したときは泣かなかった。「優勝したら、『もう止まらん』というぐらい涙出ると思ったんです。みんなも『監督泣かしたろう』って言うとったんですよね。それなのに、河合（泰聖、4対2の9回表にダメ押しの2ランホームラン）のヤローがあんなとこで打つんで……。『こいつ、なんじゃ。すごいヤツやな。こんなとこで絶対打たれへんわ』と思って、自分自身、正気になったんですよ。泣けなかったのはあいつのせいです（笑）」

こんなに平安が好きで、こんなに平安のことを想って生きてきた人は他にいない。これからも出てこないだろう。だからこそ、優勝した瞬間に思いっ切り泣いてもらいたい。原田監督は「アルプスで見たい。ファンとして見たい」と言うが、それでは物足りない。平安が日本一になるときは、日本一のファンがベンチにいるのがふさわしい。

できればそれは、56年以来、半世紀以上たってしまった夏の甲子園で。

そして、その夢が実現したら……また、思いっ切りこう言ってください。

「お前たち、最高だぜ‼」と。

田尻賢誉

２０２０年６月

原田英彦　甲子園監督成績

1997年（平成9年）春	1回戦	○	5対3	星稜（石川）	
	2回戦	○	2対1	日南学園（宮崎）	
	準々決勝	●	2対5	報徳学園（兵庫）	
1997年（平成9年）夏	1回戦	○	8対4	県岐阜商（岐阜）	
	2回戦	○	5対0	高知商（高知）	
	3回戦	○	3対2	浜松工（静岡）	
	準々決勝	○	5対1	徳島商（徳島）	延長10回
	準決勝	○	3対0	前橋工（群馬）	
	決勝	●	3対6	智弁和歌山（和歌山）	準優勝
1999年（平成11年）春	1回戦	○	5対1	東邦（愛知）	
	2回戦	○	9対7	駒大（東京）	延長10回
	準々決勝	●	0対6	PL学園（大阪）	
2001年（平成13年）夏	2回戦	○	4対2	酒田南（山形）	
	3回戦	○	3対1	金沢（石川）	
	準々決勝	●	3対4	松山商（愛媛）	
2002年（平成14年）春	1回戦	●	1対7	浦和学院（埼玉）	
2003年（平成15年）春	2回戦	○	4対0	宇部鴻城（山口）	
	3回戦	○	3対2	中京（岐阜）	
	準々決勝	●	0対3	横浜（神奈川）	
2003年（平成15年）夏	1回戦	○	8対1	日大三（西東京）	
	2回戦	○	2対1	明徳義塾（高知）	
	3回戦	●	0対1	東北（宮城）	延長11回
2008年（平成20年）春	2回戦	○	3対2	成章（愛知）	
	3回戦	△	3対3	鹿児島工（鹿児島）	延長15回
		○	1対0	鹿児島工（鹿児島）	
	準々決勝	●	0対8	聖望学園（埼玉）	
2009年（平成21年）夏	1回戦	●	1対5	中京大中京（愛知）	
2011年（平成23年）夏	2回戦	●	1対4	新湊（富山）	
2012年（平成24年）夏	1回戦	○	9対8	旭川工（北北海道）	延長11回
	2回戦	●	2対4	東海大甲府（山梨）	
2013年（平成25年）春	2回戦	●	2対4	早実（東京）	
2014年（平成26年）春	1回戦	○	16対2	大島（鹿児島）	
	2回戦	○	8対2	八戸学院光星（青森）	
	準々決勝	○	5対4	桐生第一（群馬）	延長10回
	準決勝	○	8対1	佐野日大（栃木）	
	決勝	○	6対2	履正社（大阪）	優勝
2014年（平成26年）夏	1回戦	●	1対5	春日部共栄（埼玉）	
2015年（平成27年）春	1回戦	●	0対2	浦和学院（埼玉）	延長11回
2016年（平成28年）春	1回戦	○	7対1	明徳義塾（高知）	
	2回戦	○	2対0	八戸学院光星（青森）	
	準々決勝	○	2対1	明石商（兵庫）	延長12回
	準決勝	●	1対2	智弁学園（奈良）	
2018年（平成30年）夏	1回戦	○	3対2	鳥取城北（鳥取）	100回大会で春夏100勝
	2回戦	○	14対1	八戸学院光星（青森）	
	3回戦	●	3対4	日大三（西東京）	
2019年（平成31年）春	1回戦	○	2対0	津田学園（三重）	延長11回
	2回戦	○	9対1	盛岡大付（岩手）	
	準々決勝	●	0対1	明豊（大分）	延長11回

原田英彦　はらだ・ひでひこ

1960年5月19日、京都府生まれ。B型。

小学校4年から平安（現龍谷大平安）高のユニフォームにあこがれる。

平安高時代のポジションはセンター。高3の夏は京都府大会3回戦敗退。

卒業後、日本新薬入社。俊足好打の左バッターとして一番、三番などで活躍し31歳までプレー。引退後は営業部勤務。

93年秋、平安高監督に就任。甲子園には97年春に初出場し8強入り。

97年夏に準優勝、14年春優勝を飾る。

18年夏の100回大会では、チーム春夏通算100勝となる節目の白星を挙げた。

田尻賢誉 たじり・まさたか

スポーツジャーナリスト。1975年12月31日、神戸市生まれ。学習院大卒業後、ラジオ局勤務を経てスポーツジャーナリストに。高校野球の徹底した現場取材に定評がある。『智弁和歌山・髙嶋仁のセオリー』、『日大三高・小倉全由のセオリー』(小社刊)ほか著書多数。講演活動も行っている。「甲子園に近づくメルマガ」を好評配信中。無料版はQRコードを読み取って空メールで購読可能、有料版はQRコードを読み取って登録を。

タジケンの
無料メルマガは
こちらから

タジケンの
有料メルマガは
こちらから

龍谷大平安《りゅうこくだいへいあん》・原田英彦《はらだひでひこ》のセオリー

愛《あい》の力《ちから》で勝《か》つための法則《ほうそく》75

2020年7月15日　第1版第1刷発行
2020年9月15日　第1版第2刷発行

著　者　田尻賢誉《たじりまさたか》

発行人　池田哲雄

発行所　株式会社ベースボール・マガジン社
〒103-8482 東京都中央区日本橋浜町2-61-9 TIE浜町ビル
電話 03-5643-3930(販売部)
03-5643-3885(出版部)
振替 00180-6-46620
https://www.bbm-japan.com/

印刷・製本　広研印刷株式会社

ISBN978-4-583-11275-6 C0075